{ 어른을 위한 말 지식 }

{ 어른을 위한 말 지식 }

29년 교열전문기자의 지적인 생활을 위한
우리말 바로잡기

노경아 지음

라이프 앤 페이지
Life&Page

‡ —— 들어가며 —— ‡

우리말, 쉽고 편안하게 익히는 법

29년. 신문사 교열기자로 언론에 발을 내디딘 후 '우리말'과 함께 지내온 세월이에요. 업무상 매일매일 긴장한 탓인지, 덕인지 저 시간이 금세 흘러갔어요. 교열校閱기자는 어문기자라고도 해요. 취재기자, 사진기자, 논설위원이 쓴 기사와 칼럼, 사설의 내용을 분석하고 따져서 잘못된 것을 고치는 일을 해요. 맞춤법, 일본어 잔재, 부적절하거나 맥락에 안 맞는 단어, 띄어쓰기, 사실과 다른 내용 등을 바로잡습니다. 신문사에서 가장 예민하고 철저하게 우리말을 감시하는 사람이 바로 교열기자입니다. 취재기자와 사진기자가 뉴스 현장을 누빈다면, 교열기자는 '현장'과 '우리말' 두 곳에서 움직입니다. 그런 까닭에 기자 중 가장 바쁜 기자입니다.

지난해 여름, 기사뿐만 아니라 일상 속 우리말을 대하는 언중의 마음이 궁금해 '우리말 편지'를 쓰기 시작했어요. 많은 독자와 소통했는데, 바르고 고운 말을 더 많이 더 자주 만나고 싶다는 바람을 전해왔어요. 기사 속 오류, 그릇된 텔레비전 자막 등 언론의 잘못을 꼬집는 말들엔 부끄러워 고개를 숙였습니다. 가슴 뭉클한 순간도 많았어요. 오래전 캐나다로 이민 갔다는 독자는 "타국 땅에선 고운 우리말을 읽고 쓰는 것만으로도 눈물이 난다"고 했어요. 우리말 공부를 다시 시작했다는 독자는 "우리말을 쉽고 재미있게 배울 수 있어 고맙다"는 편지를 보내왔어요. "둘째 아이를 가질 계획인데 예쁜 이름을 지어 달라"는 독자 요청엔 답을 찾기 위해 오랫동안 고민했습니다.

공기처럼 익숙한 우리말. 그 익숙함에 소중함을 잊기도 합니다. 간혹 온라인상에서 말실수가 이야깃거리로 떠오르기도 하죠. '금일'을 '금요일'로, '사흘'을 '4일'로, '심심한 사과'를 '지루한 사과'로 잘못 이해해 벌어진 일들처럼요. 가만 생각해 보니 스마트폰이 원인 중 하나이지 싶습니다. 어른, 아이 할 것 없이 동영상 보는 시간이 많아지면서 독서 문화가 사라진 탓이에요.

말과 글은 편안한 만큼 바르고 품위 있게 써야 합니다. 그러려면 낱말의 뜻을 바르게 알고, 적절히 활용할 수 있어야 해요. 머릿속에 단어가 풍부해 '말밭'이 기름지면 소통하고 공감하는 힘도 커집니다. 적절하고 풍부한 말로 자신의 생각을 명료하게 드러내면 품격은 절로 높아집니다. 반대로 사용하는 언어가 비루하고 경박하다면 가방끈이 아무리 길어도 지성인 소리를 들을 수 없습니다.

『어른을 위한 말 지식』은 살아가는 이야기에 우리말을 담아 쉽고 편안하게 읽을 수 있습니다. 늘 쓰는 말인데도 헷갈리는 단어들의 차이를 두런두런 이야기하듯 풀이했어요. 고운 우리말도 소개합니다. 말의 바른 사용을 위해 어원도 살폈습니다. 말에는 역사와 문화뿐 아니라 쓰는 이의 마음이 담겨 있습니다. 우리가 어떤 말을 쓰고 있는지 늘 살펴야 하는 이유예요. 무심코 한 말이 누군가에게 상처를 주거나 잘못 높인 말은 없는지 찾아보고, 올바른 표현도 정리했습니다. 제목의 '어른'은 나이를 떠나 늘 새로운 것을 배우려는 이들을 뜻합니다. 이 책을 읽으며 교양과 지식이 자연스럽게 쌓이기 바랍니다. 읽는 내내 우리말의 온기로 마음이 보드라워지고, 미소가 절로 지어지면 참 좋겠습니다.

어릴 적, 신문을 가지고 아버지와 즐겁게 놀았습니다. '가갸

거겨고교구규……' 신문 지면에서 글자 찾기를 하면서 우리말을 시나브로 배웠어요. 초등학교에 들어갈 무렵, 소리를 내 기사를 읽자 아버지가 "옳거니!" 하더니 목말을 태워주셨어요. 신문하고 놀고, 신문을 펼치며 꿈을 키웠던 산골 아이는 신문기자가 되었습니다. 꿈으로 가는 길을 열어주신, 별이 된 아버지께 이 책을 바칩니다. 흔쾌히 원고를 내준 '친정 같은' 이투데이와 따뜻하게 응원해주신 김덕헌 이투데이 대표께 고개 숙여 인사드립니다. 고맙습니다.

2024년 여름

노경아

‡ ── 차례 ── ‡

들어가며

1
{ 어원을 알면 더 재미있는 우리말 }

막국수의 '막'은 무슨 뜻일까 14

무더위·강더위 잡는 법 19

복날보다 뜨거운 닭개장 23

흰쌀밥이 피었습니다 28

애끓는 헤어짐이 끝나길 바라며 32

"토 달지 마!"가 기분 나쁜 이유 36

철부지의 나잇값은 얼마? 40

모두에게 있는 이것 44

마음의 기술, 심술 48

가을의 불청객, 우레 비 52

알싸한 동백꽃의 비밀 56

새롭게 태어나는 환골탈태 60

등목은 사랑입니다 64

❀ 한자어를 알아야 하는 이유 ❀ 68

2

{ 무엇이 맞을까? 아리송한 우리말 }

쉬운 듯 어려운 숫자 읽기 74

잘 놀면 잘 큽니다 78

산봉우리에서 만난 꽃봉오리 82

한약 '다려' 드립니다! 87

꽃들의 싸움, 화투 91

꿈을 좇는 이들 95

난이도는 조절하고 난도는 낮추고 99

마음 졸인 날엔 갈치조림 103

감기를 낳으면 큰일 107

❀ 뒷목 잡게 하는 띄어쓰기 ❀ 111

우표 붙은 편지를 부치다 114

운동화 끈 매고 배낭 메고 118

'안주일절' 포장마차엔 가지 마세요 122

명절맞이 목욕재계 127

얻다 대고 반말지거리야! 131

말이 소리가 될 때 135

막말 파문의 끝은 139

갓생 살기로 이생망 탈출 143

상아탑도 헷갈리는 '율'과 '률' 147

발자욱도 표준어가 될까요 151

오늘 한잔 어때? 155

✽ 사이시옷, 넣든 빼든 통일만 해요 ✽ 159

3

{ 올바르게 쓰고 싶은 우리말 }

장애인 울리는 '장애우' 164

대인을 기다립니다 168

벙어리장갑이라고 하지 말아요 172

옷깃은 꼭 껴안아야 스친다 176

아메리카노가 나오십니다 180

교수님은 이상해 185

아부가 낳은 말, 당선인 190

로커부터 락커까지 194

막장을 쓸 자격 198

귀한 질병은 없다 202

둥자의 설날 206

임산부와 임신부 210

피로를 회복하면 죽을 수도 214

정체불명의 단어, 역대급 218

엄마 · 어머니 그리고 어머님 222

부비동은 어느 동네죠? 227

임을 위한 행진곡 231

❀ 신조어, 쓰지 못할 말은 없어요 ❀ 236

4
{ 소리 내어 읽고 싶은 우리말 }

봄이 톡톡 터지는 봄동 240

신을 품은 말 "고맙습니다" 244

단비와 나무 248

굽이굽이 옛길 걷기 252

는개와 먼지잼 "우리도 비예요" 256

당신이 좋아하는 웃음은? 260

머드러기 찾아 떠난 여행 264

괭이잠 말고 단잠 · 꿀잠을 267

뜻도 소리도 고운 말, 결 272

입맛 당길 때 젓수시옵소서 276

삼홍에 빠지다 280

한겨울 단상 284

❀ 우리 말글의 줄기, 사투리 ❀ 288

1

{ 어원을 알면 더 재미있는 우리말 }

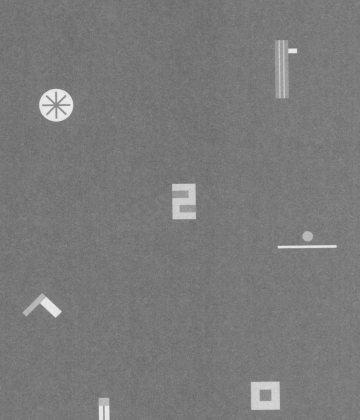

{ 막국수의 '막'은 무슨 뜻일까 }

‡ ── **달곰쌉쌀한 퀴즈** ── ‡

다음 중 맞는 표현은?

(1) 표준어를 고르세요

㉠ 모밀 ㉡ 메밀

(2) 단맛이 나면서 조금 신맛이 있다

㉠ 달콤새콤하다 ㉡ 달콤새큼하다

✽

"이렇게 맛있는데 왜 국수 앞에 '막' 자를 붙여 홀대할까요?"

막국수를 먹던 큰아이가 한마디 툭 던집니다. '막'을 '닥치는 대로', '품질이 낮은', '아무렇게나 함부로' 등 부정적인 뜻을 더하는 접두어로 생각한 모양입니다.

아마도 식당 주인이 국수를 내주면서 한 말 때문일 거예요. "내가 저기 딸내미만 했을 땐 맷돌에 메밀을 껍질째 갈아서 국수를 만들었어요. 배가 고파 코를 박고 후루룩 먹고 나면 이에 거무튀튀한 메밀껍질이 끼곤 했지. 서로 놀리면서 웃기도 많이 웃

었는데……. 먹을 게 풍족한 지금이야 별식이라고 맛나게들 먹
지만 우리 어렸을 땐 배곯지 않으려고 먹었어요."

강원 봄내(춘천) 인근 화전민들에게 막국수는 생계를 이어준
'원초적'인 국수이자, 가장 '가난한' 국수였어요. 쌀은커녕 밀가루
도 사 먹기 힘들던 시절, 이곳 사람들은 척박한 땅에서도 잘 자라
는 메밀로 면을 뽑아 끼니를 때웠다지요. 뜨거운 장국에 말아 먹
고, 시원한 동치미 국물에 말아 먹고, 고추장에 비벼 먹고, 운 좋게
꿩이나 토끼라도 잡은 날엔 살코기를 고명으로 얹어 먹고…….
  집집마다 끼니때가 되면 메밀로 면을 뽑아 정성껏 국수를 말
아 내던 모습이 그려집니다. 그러니 막국수의 '막'은 막고무신·
막과자·막담배·막소주처럼 '품질이 낮은', 혹은 막노동·막일·
막말처럼 '닥치는 대로'의 뜻을 지닌 건 아니겠지요.

"겉껍질만 벗겨 낸 거친 메밀가루로 굵게 뽑은 거무스름한
국수"라는 표준국어대사전의 풀이처럼 '막국수'에는 주재료인
메밀가루의 '거친' 성격이 담겼어요.
  하지만 성질 급한 메밀의 특성을 생각한다면 막국수의 '막'
은 '바로 지금', '금방'의 뜻으로 보는 게 더 적절해요. 메밀은
글루텐 성분이 없어 면으로 뽑아 삶으면 금방 불어 터지고 말거

든요. 메진('메지다'는 '차지다'의 반대말로 끈기가 적다는 뜻) 성질 탓이에요. 그래서 막국수는 '막(금방)' 만들어서 '막(바로)' 먹어야 해요. 성질이 급한 만큼 거칠고 담백하며 순한 음식이 바로 막국수이니까요.

막국수 좀 먹어봤다는 사람들은 주방 가까운 자리에 앉습니다. 쫄깃한 면발을 위해선 일분일초가 아깝기 때문이죠. 막국수 애호가인 언론 선배는 이렇게 말합니다. "메밀면은 이가 아니라 목젖으로 끊어 먹어야 해. 입안 가득 넣고 먹어야 메밀 향을 제대로 느낄 수 있어."

그런데 유명한 메밀 전문 음식점에 가면 '온모밀', '냉모밀', '비빔모밀' 등 '모밀'이 눈에 들어옵니다. 메밀과 모밀, 어느 것이 바른 말일까요? 결론부터 말하면 메밀이 표준어이고 모밀은 강원도, 경상도, 함경도 지역의 사투리입니다.

메밀 하면 떠오르는 가산 이효석의 소설 「메밀꽃 필 무렵」도 원래 제목은 '모밀꽃 필 무렵'이에요. 강원 평창군 봉평면에서 나고 자란 가산 선생이 "산허리는 온통 모밀밭이어서 피기 시작한 꽃이 소금을 뿌린 듯이 흐붓한 달빛에 숨이 막힐 지경이다"처럼 소설 곳곳에 메밀이 아닌 '모밀'로 쓴 것은 당연해요. 이후 '모밀'이 메밀로 바뀐 건 표준어 규정에 따라 제목과 내용에 손을 댔기 때문이에요.

　메밀은 참 재미있는 말이에요. '뫼밀'이 어원으로, '산에서 나는 밀'입니다.『국어생활백서』를 쓴 김홍석 선생은 "메밀의 '메'는 '산山'의 고어古語에서 유래했을 것이다. '멧돼지, 메감자, 메꽃, 메마늘' 등이 이와 비슷한 경우"라고 말합니다. 사투리로 남아 있는 '모밀'도 메밀의 고어로 보는 이가 많아요. 그러니 '뫼밀 → 모밀 → 메밀'이 성립될 수 있겠지요.

　막국수 그릇을 싹싹 비우고 일어서려는데, 식당 주인이 옥수수 막걸리 한 잔씩을 건넵니다. 달곰한 막걸리 한 사발에 기막힌 음식 조합을 알게 됐습니다. 막국수엔 '막 걸러 낸' 막걸리가 최고의 후식이라는 걸요.

맛 표현 고운 우리말

단맛 달곰하다 달보드레하다 달곰삼삼하다

신맛 새곰하다 새그무레하다 새큼하다

짠맛 짭짜래하다 짭짜름하다 짭조름하다

쓴맛 쌉쌀하다 쌉싸래하다 씁쓰름하다

매운맛 매옴하다 매움하다 매큼하다

[퀴즈 정답] (1) ⓒ 메밀 (2) ⓒ 달콤새큼하다

* '달콤새콤하다'는 '달콤새큼하다'의 경상도 사투리

{ 무더위·강더위 잡는 법 }

‡ —— **달곰쌉쌀한 퀴즈** —— ‡

다음 중 맞는 표현은?

(1) 바치는 물건을 물리치는 일. 또는 그 물건

㉠ 툇자   ㉡ 퇴짜

(2) 뒤에서 일을 보살펴서 도와주는 일

㉠ 뒤치다꺼리   ㉡ 뒤치닥거리

✤

폭염주의보는 일 최고 체감온도 33도, 폭염경보는 35도 이상이 이틀 넘게 지속될 때 내려집니다. 해가 갈수록 여름은 점점 더 비대해지고 가을은 더더욱 여위어만 갑니다. 뜬금없이 털북숭이 인간이 털을 포기한 건 정말 잘한 일이라는 생각을 했어요. 폭염에 털까지 있다면? 상상만 해도 등줄기에서 땀이 흐를 것만 같습니다.

더위를 표현하는 우리말은 참 많아요. 무더위, 가마솥더위, 찜통더위, 강더위, 불볕더위, 불더위……. 우리말처럼 섬세한 언어도 없을 거예요.

더위는 크게 두 종류로 구분할 수 있습니다. '습한 더위'부터 알아볼게요. 소나기 등으로 습도가 매우 높아, 찌는 듯 견디기 어려운 더위는 무더위, 찜통더위, 가마솥더위예요. 이 중 최악은 가마솥더위죠. 물이 펄펄 끓어 뜨거운 열기로 가득 찬 가마솥을 상상하면 쉽게 이해할 수 있어요.

가마솥더위는 1977년 8월 3일 자 신문 기사에 처음 등장했습니다. 그날 대구 지역 수은주가 38.8도를 기록했는데, 이를 "살인적인 가마솥더위"라고 표현했어요.

무더위는 '물'과 '더위'가 어울린 말이에요. '물더위'에서 'ㄹ'이 탈락해 무더위가 됐어요. 무더위를 '무척 심한 더위'의 줄임말로 아는 이가 많은데, 무더위에 그런 뜻은 없습니다. 몹시 심한 더위는 된더위, 한창 심한 더위는 한더위예요. 찜통더위는 찜통에 물을 끓일 때 나는 뜨거운 김을 쐬는 것처럼 몹시 뜨겁고 습한 더위를 비유적으로 이르는 말이에요. 무더위보다 찜통더위가 참기 더 힘들겠죠.

오랫동안 비가 내리지 않고 볕만 뜨겁게 내리쬐는 '마른 더위'는 강더위입니다. 여기서 '강-'은 한자어 강强이 아니라 순우리말이에요. 겨울에 눈이 내리지 않고 바람도 불지 않으면서 매섭게 추운 강추위, 강서리(늦가을에 내리는 된서리), 강기침(마른기침) 등의 '강'도 모두 '물기 없이 마른'의 의미를 더해요. 강더위보다 정도가 더 심한 게 불더위, 불볕더위입니다. 선풍기나 부채로는 떨칠 수 없는 더위죠.

한자어 폭염暴炎, 폭서暴暑는 명함도 못 내밀 정도로 느낌이 생생하게 살아 있는 우리말 무더위, 가마솥더위, 찜통더위, 강더위, 불볕더위, 불더위, 된더위, 한더위는 모두 한 단어이므로 붙여 써야 합니다.

가와바타 야스나리의 소설 『설국』을 다시 꺼내 들었어요. "국경의 긴 터널을 빠져나오자 설국이었다. 밤의 끝이 하얘졌다. 신호소에 기차가 멈춰 섰다." 첫 문장만 읽었는데도 더위가 저만치 물러난 듯합니다. 연암 박지원이 강조한 '책읽기에 착심着心해 더위를 이기는 법'이랍니다.

기분 좋은 우리말 바람

실바람 풍향계가 움직이지 않을 정도로 하늘거리는 바람

명지바람 보드랍고 화창한 바람. 같은 말로 명주바람이 있다

색바람 이른 가을에 부는 선선한 바람

흔들바람 잎이 무성한 작은 나무가 흔들리고, 바다에선 작은 물결이
일 정도로 부는 바람

건들바람 초가을에 선들선들 부는 바람

바람꽃 큰 바람이 일어나려고 할 때 먼 산에 구름같이 끼는 뽀얀 기운

[퀴즈 정답] (1) ㉠ 퇴짜 (2) ㉠ 뒤치다꺼리

{ 복날보다 뜨거운 닭개장 }

✳

"한 주발 향그런 차 조그마한 얼음 띄워 / 마셔보니 참으로 무더위를 씻겠네 / 한가하게 죽침竹枕 베고 단잠에 막 드는 차에 / 손님 와 문 두드리니 백 번인들 대답 않는다네."

조선 초기 문신 서거정의 시 「삼복三伏」입니다. 무더운 날 얼음 동동 띄운 차를 마신 후 낮잠에 빠진 학자의 모습이 생생하게 그려집니다. 조선시대 승정원에서 작성한 업무일지 『승정원일기』에는 "초복부터 처서까지 국사國事를 살필 수 없다고 임금에게 보고한다"는 내용이 매년 반복해 나옵니다. 삼복 기간엔 임금도 국정을 쉬었다니 그 옛날에도 무척 더웠나 봅니다.

한 해 중 가장 무기력해지는 삼복에 빠질 수 없는 건 복달임입니다. 가장 덥고 습한 때라 몸을 보하기 위해 고기로 국을 끓여 먹는 우리 풍습이에요. "복더위에는 민어탕이 일품, 도미탕이 이품, 보신탕이 삼품"이라는 옛말처럼 예전엔 신분에 따라 먹는 것도 달랐습니다. 돈과 권세가 있는 양반들이 민어와 도미를 즐겼다면 보신탕은 가진 것 없는 서민들의 보양식이었습니다. 서민이 많았던 만큼 개들의 희생도 컸을 거예요.

먹거리가 다양해지고 개를 반려동물로 생각하면서 보신탕이 사라져 정말 다행입니다. 복날 농담으로라도 "개할텨?" 했다간 야만인 취급을 받게 되죠. "개할텨?"가 무슨 말이냐고요? "보신탕 먹을래?"의 충청도 사투리입니다. 지금은 충청도에서도 저 말은 안 쓴답니다.

복요리도 복달임으로 인기가 높습니다. 복어에 콩나물, 미나리, 파 등 각종 채소를 넣고 말갛게 끓이면 국물이 아주 시원하죠. 그런데 복 전문 음식점 차림표 속 '복지리'는 볼 때마다 불편합니다. '지리'는 일본어에서 온 말이거든요. 그러니 지리를 버리고 복국이라고 써야 해요. 만약 요리의 특징을 살리고 싶다면 우리말 맑은장국의 장국을 붙여 복장국이라고 말하면 됩니다.

복매운탕과 짝을 이루는 의미로 복싱건탕이라고 써도 좋아요. 또 사시미는 생선회, 덴푸라는 튀김, 스시는 초밥으로 바꿔야 해요. 일상생활에서 마주하는 일본식 표현들이 하루빨리 사라졌으면 좋겠어요.

우리 동네에 꽤 맛있는 음식점이 생겼는데, 간판이 '○○○닭계장'이에요. 갈 때마다 간판을 고쳐야 한다고 말할까, 말까 고민하지만 늘 그냥 나와요. 음식점 주인은 '닭 계鷄'를 생각해 '닭계장'이라고 썼을 거예요. 닭고기를 넣어 얼큰하게 끓인 음식은 '닭'과 '개장'이 결합한 닭개장이 바른 이름입니다.

닭 대신 쇠고기를 푹 삶아 먹기 좋은 크기로 찢어 각종 채소와 함께 얼큰하게 끓인 국 역시 '육계장'이 아니라 육개장입니다. 육개장과 닭개장의 '개장'은 개장국에서 온 말이거든요.

닭요리 하나만 더 말할게요. 복날만 되면 "몸보신엔 영계백숙이 최고!"라고 외치는 이가 많아요. 이유를 물어보면 "영한(어린) 닭을 먹으면 몸이 영해져(젊어져) 힘이 솟기 때문"이라고 말합니다. 영계의 '영'을 영어 'young'으로 생각한 것이죠.

영계는 연한 닭 '연계軟鷄'에서 온 말이에요. 병아리보다 조금 큰 약병아리로, 살이 부드러운 닭이에요. 자음동화 현상에 따라 '연계'가 '영계'로 발음됐고 시간이 흐르면서 고유어인 양 굳어져 표준어가 됐어요.

한자 '복伏'은 '사람 인人'과 '개 견犬'으로 이뤄진 글자입니다. 항복, 굴복할 때 쓰는 그 글자예요. 그러다 보니 복날은 날씨가 너무 더워서 사람도 개도 다 엎어지는 날로 많이 알려졌습니다. 그런데 伏에는 '안다, 품다'라는 뜻도 있어요. 안을 부, 품을 부로 읽어요. 이 글자를 '품다'로 풀이해 더위에 굴복하지 말고 오히려 품에 안고 건강하게 지내 봐요.

채소, 과일이 들어가 재미있는 우리말

수박하다 붙잡아 묶다

오이하다 충고하는 말이 귀에 거슬리다

고추하다 사실에 맞는지 아닌지 비교해 생각하다

자몽하다 졸린 듯 정신이 흐릿한 상태

[퀴즈 정답] (1) ㉡ 복달임 (2) ㉠ 사리

* '꾸미'는 국이나 찌개에 넣는 고기

{ 흰쌀밥이 피었습니다 }

‡ —— **달곰쌉쌀한 퀴즈** —— ‡

다음 중 맞는 표현은?

(1) 자꾸 힘없이 비틀거리는 모양

㉠ 비쓸비쓸 ㉡ 비씰비씰

(2) 청하는 바를 들어줌

㉠ 승낙 ㉡ 승락

✽

독일의 낭만파 시인 하이네는 5월을 "즐거운 사랑의 계절"이라고 노래했어요. 물결이 햇살에 반짝이고, 앵두와 딸기가 빨갛게 익어 가고, 새들이 지저귀고⋯⋯. 메마른 가슴에도 사랑이 싹틀 것 같네요. 솜사탕 닮은 구름을 따라 천천히 걷다가 향긋한 꽃향기에 멈춰 섰어요. 문득, 슬픔이 밀려옵니다. 이토록 사랑스러운 계절에도 아픈 과거가 웅크리고 있다니⋯⋯. 보릿고개 말이에요. 들어보셨죠?

5월은 먹을 것이 동나고 보리도 익지 않아 배고팠던 시기였어요. 시골 작은 마을에 가면 이팝나무가 유난히 많은데, 보릿고개가 그 이유입니다. 허기진 엄마의 빈 젖을 빨다 굶어 죽은 자식의 무덤가에 쌀밥 같은 이팝나무를 심어놓고 저세상에서라도 흰쌀밥을 마음껏 먹기를 바라는 부모의 애틋한 마음이 담겨 있어요.

봄이 무르익으면 거리가 하얀 쌀로 넘실댑니다. 나뭇가지마다 소복합니다. 휙, 한 줄기 따뜻한 바람에 쌀이 쏟아져 내립니다. 길옆 작은 평상에 앉아 두런두런 이야기하던 어르신들이 떨어진 쌀을 모아 고봉밥을 짓습니다. 보릿고개를 겪은 어르신들에겐 이팝나무 꽃이 여전히 윤기 흐르는 흰쌀밥으로 보이나 봅니다. 깔깔대며 지나가던 여고생들이 "팝콘 같다"면서 먹는 시늉을 냅니다. 먹을 게 풍족해 밥이 귀하지 않은 시절이니, 아이들에겐 흰쌀밥보다 달콤한 팝콘이 먼저 떠오를 만도 합니다.

사연을 가득 안은 **이팝**은 어떤 말에서 시작됐을까요? 학계에서는 니밥 → 이밥 → 이팝으로 봅니다. 이밥은 쌀밥입니다. 이밥에 앞선 니밥의 '니'는 쌀의 옛말이에요. 니밥이 두음법칙에 따라 이밥으로 바뀌었습니다. '니'가 낯설다면 **끼니**를 떠올려 보세요. 끼니는 아침, 점심, 저녁, 일정한 시간에 먹는 밥을 말합니다. 밥뿐 아니라 그렇게 먹는 일도 끼니라고 합니다. '끼'는 '때'를 뜻해요.

나무에 꽃이 피는 시기와 관련된 설도 있어요. 입하立夏 머리에 꽃이 피어 입하목이라고 불렀다고 해요. 입하가 연음돼 이파가 됐다가 다시 이팝으로 바뀌었다고 주장합니다. 실제로 전라도 일부 지역에선 이팝나무를 입하목, 이암나무라고도 말해요.

　조(좁쌀)밥을 닮은 조팝나무 이야기도 잠깐 해야겠어요. 오곡 중 하나인 조는 낟알이 들깨만 해요. 꽃이 기름에 튀긴 좁쌀 같아서 조팝이라고 불렀다는 설이 있습니다. 그럴싸한 이야기입니다. 꽃을 자세히 들여다보면, 터져서 드러난 흰 속살 위로 노란빛이 반짝이거든요.

　나이 지긋한 농부들은 지금도 이팝나무에 꽃이 흐드러지면 벼농사가 잘된다고 믿습니다. 이래저래 이팝은 먹는 것과 관련이 깊은 꽃입니다. 온 세상이 배부를 때까지, 누군가의 가슴에 맺힌 한이 풀릴 때까지 쌀나무의 꽃은 지지 않을 거예요.

꽃을 달아 고운 우리말

꽃보라 떨어져서 바람에 흩날리는 많은 꽃잎

꽃등 맨 처음

꽃불 이글이글 타오르는 불

꽃다지 오이, 가지, 참외, 호박 등에 맨 처음 열린 열매

꽃비 꽃잎처럼 가볍게 흩뿌리듯이 내리는 비

꽃구름 여러 가지 빛을 띤 아름다운 구름

[퀴즈 정답] (1) ㉠ 비쓸비쓸 (2) ㉠ 승낙

{ 애끓는 헤어짐이 끝나길 바라며 }

✽

서울 남산터널 앞에서 수줍게 웃고 있는 소녀를 보았습니다. 실종된 딸을 찾아달라는 간절한 외침이 담긴 현수막에서요. 팽팽하게 걸어 또렷이 보이는 그녀의 얼굴과, 그날의 사연을 담은 굵은 고딕체 글씨가 보는 이를 더욱 아프게 합니다. 아버지는 20여 년간 소리도 없이 울부짖고 있어요. 현수막은 남산뿐만 아니라 종로, 동대문, 고속도로 곳곳에 걸려 있습니다. 아버지는 혹여 햇빛에 먼지에 바람에 비에 딸의 고운 얼굴이 일그러질까, 오늘도 어디선가 간이 계단에 올라 현수막을 바꿔 달고 있을 거예요.

나는 엄마입니다. 그래서 조금은, 아주 조금은 알아요. 잃어버린 딸을 찾는 아버지의 간절한 마음을요. 저세상에서도 딸을 찾고 있을 엄마의 애절한 마음을요. 자식 잃은 부모는 처음엔 돌아올 거란 기대에 애만 탑니다. 그러다 긴 시간이 지나도 아이가 돌아오지 않으면 창자가 끊어지고 녹아요. 텅 빈 가슴에 평생 자식을 묻고 살아가죠.

애끓다. 창자·쓸개의 옛말 '애'와 잘라 떨어지게 한다는 뜻의 '끊다'가 결합한 말이에요. 창자가 끊어질 정도로 극한 슬픔을 표현합니다. 장기를 칼로 베어 내는 고통입니다. 말로 표현할 수 없이 슬프면 창자가 끊어지는 지경에까지 이를 수도 있는 모양이에요. 그래서일까. 이 단어는 소리 내 말하는 것만으로도 아픕니다.

창자가 끊어질 만큼 슬프다는 뜻의 고사성어가 있습니다. '단장斷腸'입니다. 중국 동진의 환온이 촉을 정벌하기 위해 양쯔강 중류의 협곡을 지날 때 한 병사가 새끼 원숭이를 잡아 왔대요. 그러자 어미가 배를 쫓아 백여 리를 뒤따라오며 슬피 울었답니다. 강어귀가 좁아지는 곳에서 어미 원숭이가 배 위로 뛰어올랐대요. 그런데 자식을 구하려 애를 태우며 달려온 원숭이는 배에 오르자마자 죽고 말았다죠. 병사들이 죽은 원숭이의 배를 가르자 창자가 토막토막 끊어져 있었대요. 자식을 잃어버린 슬픔이

커 창자가 녹아 끊어진 거예요.

'애끊다'와 생김새가 비슷한 말 ˚애끓다˚는 '애'에 '끓다'가 붙었어요. 액체가 뜨거워지면 소리가 나면서 거품이 솟아오르는데, 이 모습을 사람의 감정에 비유한 거예요. '애끓다'는 속이 부글부글 끓을 만큼 답답하거나 안타까운 상황을 표현할 때 적절해요. '애타다'와 같은 말로 안타까움, 걱정, 분노, 원망의 감정과 어울립니다.

부모에게 자식은 잊으라 한다고 잊히는 존재가 아닙니다. 딸을 찾고 있는 아버지의 애끓는 고통이 하루빨리 끝나길 기원합니다. 아버지가 딸을 안고 웃는 모습을 꼭 보고 싶습니다.

가족 관련 우리말

안갚음 낳고 길러 주신 부모님의 은혜를 갚는 것. "부모님께 자주 전화하는 것도 안갚음의 하나랍니다."

딸따니(딸내미) 어린 딸을 귀엽게 이르는 말

띠앗 형제나 자매 사이의 우애

도담도담 어린아이가 탈 없이 잘 놀며 자라는 모양

치사랑 손아랫사람이 손윗사람을 사랑하거나 또는 그런 사랑

* 반대말은 내리사랑

외돌토리 매인 데도 없고 의지할 데도 없는 홀몸

* 같은 말은 외톨, 외톨박이, 외톨이

[퀴즈 정답] (1) ㉠ 정나미 (2) ㉠ 백지장
* '정내미'는 '정나미'의 강원, 제주 지역 사투리

{ "토 달지 마!"가 기분 나쁜 이유 }

‡ —— 달곰쌉쌀한 퀴즈 —— ‡

다음 중 맞는 표현은?

(1) 일의 맨 처음

㉠ 애시당초   ㉡ 애당초

(2) 있는 대로 모두 합하여

㉠ 통틀어   ㉡ 통털어

✸

"토 달지 마!"

학교나 회사, 혹은 집에서 누군가에게 한 번쯤 했거나 들어봤음직한 말입니다. 눈으로만 읽어도 위압적 말투가 느껴져 기분이 좋지 않아요. '토를 달다'는 필요 없는 말을 한다는 뜻입니다. 주로 변명을 하거나, 핑계를 대거나, 말대꾸를 할 때 쓰는 표현이에요. 누군가의 의견이나 제안 등에 끼어들어 "왜 그래야 하느냐?", "하기 싫다" 등 부정적인 입장을 밝혀 초를 칠 경우에도 쓸 수 있어요. 물론 정당한 이유나 비판을 내놓았을 땐 "토 단다"고 말하지 않습니다. 한마디로 '토'는 서로의 상황에 기본적으로 필요하지 않은 말이에요.

　'토'의 본모습은 우리말의 조사예요. 토씨라고도 해요. 북한에서는 조사, 어미, 접사 모두가 '토'예요. "토씨 하나 틀리지 않았다"라는 표현에서 짐작할 수 있듯, 토는 정확함을 나타내는 수단이기도 해요. 특히 토는 한자로만 이뤄진 문장을 읽을 때 빛을 발하죠. 『훈민정음 언해본』 첫 문장을 볼게요.

　"國之語音(국지어음)이 異乎中國(이호중국)하야 與文字(여문자)로 不相流通(불상유통)할새."

　한자로 된 원문에는 없는데 구절마다 붙은 '이, 하야, 로, 할새'가 바로 토예요. 한문 읽는 방식을 생각하면 더 쉽게 이해할 수 있어요. '至誠感天(지성감천)'의 경우 "지성이면 감천이라"라고 읽죠. 여기서 '이면, 이라'가 토에 해당해요. 토를 붙이면 읽기가 훨씬 편하고 뜻을 이해하기도 쉬워요.

　간혹 한자에 우리말로 읽히는 대로 음을 달아 놓은 것을 '토 단다'로 아는 이가 있어요. 이는 독음讀音, 즉 한자의 음을 단 것이지 토와는 전혀 관계가 없어요.

그런데 토는 어쩌다 필요 없는 말이라는 부정적인 뜻을 갖게 됐을까요? 조사가 문장을 어색하게 만드는 경우가 있어서입니다. 특히 누군가와 말할 때 조사를 일일이 붙이면 대화가 자연스럽지 않아요. "점심 먹었니? 밥 먹으러 가자"라고 하지, "점심을 먹었니? 밥을 먹으러 가자"라고 말하는 이는 드물잖아요. 조사가 없어도 뜻을 충분히 알 수 있기 때문이죠. 이처럼 굳이 필요 없는 조사는 쓸데없는 말이 되었고, 시간이 흐르면서 변명·핑곗거리·말대꾸, 나아가 다른 사람의 계획에 초를 치는 말로까지 뜻이 넓어졌습니다.

"나이 들수록 지갑과 귀는 열고 입은 닫아라." 지갑을 열어 베풀고, 입을 닫고 귀를 열면 어디를 가든 대접받을 수 있다는 말이에요. 특히 윗사람은 아랫사람의 말을 잘 들어야 해요. 젊은이의 재기발랄한 생각을 받아들이고 함께 행동하면 세대 간 갈등은 사라지지 않을까요?

눈 관련 우리말(생김과 사람의 능력)

갈퀴눈 화가 나서 눈시울이 갈퀴 모양으로 모가 난 험상스러운 눈

나비눈 못마땅해서 눈알을 굴려, 보고도 못 본 체하는 눈짓

머루눈 눈동자가 머루알처럼 까만 눈을 비유적으로 이르는 말

샛별눈 샛별같이 반짝거리는 맑고 초롱초롱한 눈

샛눈 감은 듯이 하면서 아주 가느다랗게 뜨고 보는 눈

글눈 글을 보고 이해하는 능력

참눈 사물을 올바로 볼 줄 아는 눈

[퀴즈 정답] (1) ⓒ 애당초 (2) ㉠ 통틀어

* 부사 통틀어의 '통'은 '온통', '틀다'는 한 끈에 죽 엮어 맨다는 뜻

{ 철부지의 나잇값은 얼마? }

✤ ─── **달곰쌉쌀한 퀴즈** ─── ✤

다음 중 맞는 표현은?

(1) 스무 살 전후의 꽃다운 나이를 뜻하는 말

㉠ 방년 ㉡ 향년

(2) 묘령의 여인은 몇 살

㉠ 40대 ㉡ 20대

✻

우리 선조들은 나이에도 값이 있다고 여겼어요. 바로 나잇값입니다. 나이에는 각자 먹은 만큼의 가치가 있다고 믿었죠. "나잇값도 못 하는 사람"이라는 표현은 우리나라에만 있을 거예요. 나잇값을 못 하면 대부분 비난받지만, 백에 하나 정도는 순수한 사람이란 평가를 받기도 합니다.

나잇값은 나이와 값이 합쳐진 말입니다. 줄여서 낫값이라고도 하죠. '나잇값을 한다'보다는 '나잇값을 못 한다'는 표현으로 많이 쓰입니다. 하긴 나잇값을 하는 것은 지극히 정상적이니 표현할 일이 별로 없을 것 같네요. 나이는 시간이 지나면 저절로 먹지만 그 나이에 걸맞은 말과 행동을 한다는 건 생각만큼 쉽지 않아요. 나이만큼 나잇값을 하는 사람이 많지 않은 이유입니다.

나잇값을 하려면 욕심을 버려야 합니다. 마음을 비우고 남을 배려하며 살아야 존경받을 수 있어요. 다른 사람들 이야기도 잘 들어야 해요. 내가 잘났다고 혼자 떠들고, 다른 사람이 하는 말을 무시한다면 나잇값을 못 하는 거예요.

나이를 말하면서 철을 빼놓을 수 없습니다. 많은 이가 '철'을 한자로 생각하는데, 순우리말이에요. 봄철, 여름철 등과 같이 자연현상에 따라 한 해를 구분하는 계절을 뜻해요. 우리가 계절이 바뀔 때 '철이 바뀌었다'고 하는 이유입니다. 철은 또 휴가철, 농사철처럼 한 해 중 어떤 일을 하기에 딱 좋은 시기나 때를 뜻하기도 해요. 황순원의 『카인의 후예』에 나오는 "살아남은 과목들은 제철만 되면 잎을 내고 꽃을 피우는 것이었다" 속 '제철' 역시 '알맞은 시절'이에요.

철은 사람에 비유해 사리를 분별할 줄 아는 지혜로 쓰인다는 게 재미있어요. '**철들다**', '**철나다**'처럼요. 철이 드는 것은 어떤 의미일까요? 사람은 자연의 순리대로 살아야 해요. 그런데 세상살이의 옳고 그름을 구별하지 못하고 제멋대로 행동하면 철을 모르는 것입니다. 철모르고 하는 행동은 결국 후회하게 되죠. 철은 순리대로 사는 법을 깨달으면 자연스럽게 몸 안에 들어온다고 해요. 그야말로 철이 드는 것이죠.

철이 들거나 철이 나는 건 '진짜 어른'이 되어 간다는 뜻일 거예요. 철이 어떤 일을 하기에 딱 좋은 때라는 걸 생각하면, '철들다'는 살아가면서 수많은 경험을 통해 올바른 판단을 내리는 등 정신적으로 성숙해진다는 뜻일 테니까요.

반대로 제때를 알지 못해 어리석게 구는 사람은 철부지라고 해요. 사리를 헤아릴 줄 아는 지혜인 '철'에다, 알지 못한다는 한자 '부지不知'가 더해진 말이에요. 무엇이 옳고 그른지 판단하지 못하는 어린애 같은 사람이죠. 철부지 부부를 흔히 '철딱서니 없는 아내와 철따구니 없는 남편'이라고 표현하는데, 철딱서니와 철따구니는 철의 속어랍니다.

"철나자 망령 난다"라는 속담이 있어요. 철이 들어 잘할 만하니까 망령이 들어 일을 그르치게 될 때 쓸 수 있는 말이에요. 무슨 일이든 때가 중요합니다. 어영부영하다가 아무 일도 못 하고 나이만 들어 후회하지 말고 제때에 힘쓰라는 선조들의 가르침을 되새겨 볼 때입니다.

사람의 성질을 품은 우리말

뚱딴지 완고하고 우둔하며 무뚝뚝한 사람을 놀림조로 이르는 말

딱장대 성질이 온순한 맛이 없이 딱딱한 사람

만무방 염치가 없이 막된 사람

모도리 빈틈없이 아주 여무진 사람

맛장수 아무런 멋이나 재미 없이 싱거운 사람을 비유적으로 이르는 말

말꾸러기 잔말이 많은 사람

[퀴즈 정답] (1) ㉠ 방년 (2) ㉡ 20대

* '향년'은 한평생 살아 누린 나이로, 죽을 때의 나이를 뜻함

{ 모두에게 있는 이것 }

‡ ── **달곰쌉쌀한 퀴즈** ── ‡

다음 중 맞는 표현은?

(1) 도리도리○○

㉠ 잼잼　㉡ 죔죔

(2) 사이가 좋지 않아 만나도 모르는 체하며 냉정하게 대하는 모양

㉠ 내광쓰광　㉡ 야른야른

❋

　북한 말은 언제 들어도 정겹습니다. 순우리말이라 단어가 살아 움직이는 것 같아서죠. 덧머리(가발), 살결물(스킨), 뜨게부부(사실혼), 몸틀(마네킹), 몸깎기(다이어트), 꾹돈(뇌물)……. 꾹돈은 이리저리 눈치를 보며 남들 몰래 돈을 꾹 찔러주는 장면이 그려집니다. 부정적인 뜻의 낱말이지만 너무나 그럴싸해 빙그레 웃게 됩니다.

　"북한에선 전구는 불알, 형광등은 긴 불알, 샹들리에는 떼 불알이라고 한다"는 말이 돈 적이 있어요. 정말일까요? 북한에서

대학교수를 지내다 넘어온 노학자 박노평 씨는 한 매체와의 인터뷰에서 "불알, 날틀(비행기) 같은 단어는 김일성이 말 다듬기를 할 때 반짝 나타났다가 사라진 말"이라며 "북한에서도 전구는 전구 또는 전등알이라 일컫는다"고 설명했어요. 불알 이야기는 그저 우스개였던 셈이죠.

기왕 꺼낸 김에 좀 민망하지만 불알 이야기를 할까 해요. '불알'은 남자한테만 있다? 천만의 말씀이에요. 여자도 불알을 가지고 있어요. 이상한 상상을 하거나 놀랄 일은 아니에요. 귓바퀴의 아래쪽에 붙어 있는 도톰한 살이 바로 그것이에요. 귀걸이를 하는 이 부위의 이름은 귓불입니다. 일상에서 쉽게 들을 수 있는 '귓볼'과 '귓방울'은 없는 말이에요.

귓불은 '귀+불'의 형태예요. 불은 고어에선 '부+ᇙ'로 쓰였어요. 불알의 줄임말로, 음낭陰囊의 순우리말이에요. 충청도, 강원도, 경기도 등지에 가면 지금도 어르신들은 귓불을 '귀불알', '구이불알'이라고 말합니다. 이제 여자에게도 불알이 있다는 데 반론을 제기할 사람은 없겠죠.

귀 안으로 좀 더 깊숙이 들어가 봐야겠어요. 귓구멍 안에 낀 때는 귀지입니다. 그리고 그 귀지를 파내는 도구는 귀이개이고요. 흔히 말하는 귀쏘시개, 귀쑤시개, 귀파개, 귀후비개, 귀후지 개는 모두 표준말이 아닙니다. 귀지를 귓밥으로 잘못 알고 있는 이도 많은데요. **귓밥**은 귓불과 같은 말이에요.

내친김에 은밀한 곳에 있는 목젖도 짚고 가는 게 좋겠어요. 입을 크게 벌리고 입속을 들여다보세요. 목구멍 끝부분에 둥그스름한 살이 보일 거예요. 뜨거운 물을 마시면 뜨끔대는 그것. 바로 목젖입니다. 남자들 목 가운데 툭 튀어나온 곳은 목젖이 아니라 울대뼈입니다. 울대는 목소리가 울리는 곳으로, 성대聲帶의 순우리말이에요.

새끼손톱만 한 파란빛의 '개불알꽃'을 본 적 있나요? 꽃이 개의 음낭처럼 생겼다고 일본인 학자가 이름 붙였다는데 도무지 맘에 들지 않아요. 야생화 동호인들은 봄까치꽃이라 부른답니다. 이른 봄에 피어 까치처럼 봄을 알리는 꽃. 뜻도 소리도 예쁘죠. 그동안 민망해하던 개들도 봄까치꽃이란 이름을 좋아할 것 같아요.

몸 관련 고운 우리말(1)

머리꼭지(정수리) 머리 맨 위의 가운데

숫구멍(숨구멍) 갓난아이의 정수리가 굳지 않아서 숨 쉴 때마다 발딱 발딱 뛰는 곳

꼭뒤 뒤통수의 한가운데

눈자위 눈알의 언저리

덜미 목의 뒤쪽 부분과 그 아래 근처

등마루 척추뼈가 있는 두두룩하게 줄진 곳

[퀴즈 정답] (1) ⓒ 쬠쬠 (2) ⊙ 내광쓰광

* '쬠쬠'은 '죄암죄암'의 준말

* '야른야른'은 매우 보들보들한 모양을 의미하는 북한어

{ 마음의 기술, 심술 }

‡ ── 달곰쌉쌀한 퀴즈 ── ‡

다음 중 맞는 표현은?

(1) 억지 부리는 행동. ○○를 쓰다

㉠ 생때 ㉡ 생떼

(2) 지나치게 아무 일에나 참견하는 모습. ○○○이 넓다

㉠ 오지랖 ㉡ 오지랍

✽

"길 가는 과객 양반 재울 듯이 붙들었다 해가 지면 내어쫓고, 초상난 데 노래하고, 불붙은 데 부채질, 길 가운데 허방 놓고, 외상 술값 억지 쓰기 (중략) 우는 아이 똥 먹이기, 의원 보면 침 도둑질, 물 인 계집 입 맞추고, 옹기 짐의 작대기 차고, 장독간에 돌 던지기, 약한 노인 엎드러뜨리고, 소리할 때 잔말하기……."

우리나라 대표 판소리 〈흥보가〉의 한 부분이에요. 놀부의 걸쭉한 심술 이야기에 화가 납니다. 요즘 저랬다간 교도소에서 평생 살아야겠죠. 저 엄청난 심술을 노래하기 전 명창은 고수의 장

단에 맞춰 재미있는 몸짓과 표정으로 놀부의 남다른 신체에 대해 설명합니다. "본디 사람은 오장육부로되, 놀부는 오장칠부인 것이, 심사부心思腑가 하나 더 왼편 갈비뼈 밑에 병부 주머니를 찬 듯 떡하니 붙어 있으렷다. 허이!"

   '놀부＝심술'. 괜히 나온 말이 아닙니다. 놀부는 문학작품 속 등장인물이지만 사람 이름 외에 일반명사로도 쓰여요. 바로 심술궂고 욕심 많은 사람을 비유적으로 이르는 말이에요.
   심술은 한자 '心術'로 글자 그대로 풀이하면 '마음의 기술'입니다. 그러니 심술은 잘 쓰면 대인이 될 수도, 군자가 될 수도 있어요. 반대로 심술이 나쁘거나 잘못 쓴다면 소인이 되는 것이죠. 심술은 처음부터 나쁜 의미의 말이 아니었네요.
   그런데 표준국어대사전은 심술을 "온당하지 아니하게 고집을 부리는 마음", "남을 골리기 좋아하거나 남이 잘못되는 것을 좋아하는 마음보"로 설명합니다. 심술이 아예 나쁜 뜻으로 자리를 잡은 거예요. 마음의 기술이 남을 골리거나 힘들게 하는 것이라니 씁쓸하네요.

   심술은 동사 '피우다', '떨다', '내다' 등과 어울립니다. 그런데 나는 '부리다'와 연결될 때가 가장 자연스러운 것 같아요.

'부리다'에는 행동이나 성질 등을 참지 못해 드러낸다는 뜻이 담겨 있기 때문입니다. 심술궂은 사람들을 살펴보면, 누군가를 의도적으로 괴롭힌다기보다는 그 자신도 모르게 못된 심보를 부리곤 합니다. 하나같이 자신이 남을 괴롭히거나 힘들게 한 줄도 몰라요.

심술 말고도 참지 못해 부리는 것은 많습니다. 주사酒邪를 부리고, 욕심을 부리고, 난동을 부리고, 성질도 부립니다. 이 중에서 성질은 심술과 쓰임이 비슷해요. 성질性質 역시 한자 그대로 풀이하면 사람이 지닌 '마음의 본바탕'으로, 본래는 나쁜 의미의 말이 아닙니다. 본바탕이 나쁜 사람이 몇이나 될까요? 그런데 "그 사람, 참 성질 있네"라고 하면 그리 좋게만 들리지 않아요. '사납다', '급하다', '못되다', '고약하다'처럼 부정적인 말들과 함께 쓰인 탓이 큽니다. 언어도 사귐이 중요해요. 동사에 따라 명사의 이미지가 바뀌니 말이에요.

혹시 주변에 심술쟁이가 있나요? 그렇다면 얄밉더라도 다른 사람한테 그를 나쁘게 말하진 마세요. 오히려 그에 대해 좋게 말해 보세요. 누군가에게 자신을 긍정적으로 평했다는 말을 들으면 심술부리지 않고 부드럽게 굴려고 노력할지도 몰라요.

마음속이 보이는 순우리말

마음결(맘결) 마음의 바탕

마음새 마음을 쓰는 성질

몽니 받고자 하는 대우를 받지 못할 때 내는 심술

밴덕(반덕) 요랬다조랬다 변하기를 잘하는 태도나 성질

* 변덕은 한자어

부아 노엽거나 분한 마음

보짱 마음속에 품은 꿋꿋한 생각

[퀴즈 정답] (1) ⓒ 생떼 (2) ㉠ 오지랖

{ 가을의 불청객, 우레 비 }

‡ —— **달곰쌉쌀한 퀴즈** —— ‡

다음 중 맞는 표현은?

(1) 몸에서 허리 위의 부분

㉠ 웃통 ㉡ 위통

(2) 몸이나 팔다리 따위가 몹시 가늘고 연약하다

㉠ 가냘프다 ㉡ 갸냘프다

✽

　기나긴 더위 끝에 만나는 가을은 반갑기 그지없습니다. 코끝에 가을 향이 느껴지면 라이너 마리아 릴케의 시 「가을날」이 절로 떠오릅니다. "이틀만 더 남국의 나날을 주시어／ 그 열매들이 익도록 서둘러 재촉해 주시며／ 무거운 포도송이에 마지막 단맛이 스미게 하소서." 가을은 거친 몸짓으로 사과를 붉게 물들이고, 따뜻한 입김으로 포도에 달콤함을 불어넣습니다.

　그런데 가을의 낭만이 걱정으로 바뀔 때가 있어요. 우레 비가 쏟아지는 순간이에요. "우르르 쾅쾅! 쏴아~" 하늘이 울면서 비가 무섭게 내릴 때가 있잖아요. 매우 사납게 내리는 비, 그게 우레 비예요. 그런 까닭에 수확을 앞둔 농부들에겐 반갑지 않은 손님이에요. 과일의 당도를 떨어뜨리고, 탱글탱글 차지게 여물고 있는 벼 알곡의 숨통도 조일 테니까요.

　우레는 천둥의 우리말입니다. 옛사람들은 하늘에서 북을 치는 것 같다고 해서 천둥을 천고天鼓라고도 표현했다죠. '우레라고? 우뢰가 바른 말 아닌가?'라는 생각에 고개를 갸웃거리고 있나요? 우레의 이전 표준어가 우뢰이니 그럴 만도 합니다. 우레는 우레 → 우뢰 → 우레 순으로 표준어가 바뀌었어요.

　우레는 '울다鳴'의 어간 '울-'에 명사를 만드는 접사 '-게'가 붙은 형태입니다. 이후 '울게'가 '울에'로 변했고, 울에를 편하게 발음한 '우레'가 표준어에 올랐죠. 그런데 조선어학회가 펴낸 『조선어표준말모음』에서는 '우뢰'가 표준어 대접을 받았어요. 우레를 한자 '비 우雨'와 '번개 뢰雷'가 더해진 '우뢰'로 오해한 탓입니다. 하지만 우뢰의 표준어 시대는 오래가지 못했어요. 우레가 15~16세기 '소리치다', '울부짖다'는 뜻의 우리말 '우르다'에서 생겨났다는 학설이 인정됐기 때문이에요. 결국 우뢰가 아닌 우레가 표준어로 정해졌습니다.

　북한에서는 '우뢰'를 문화어(우리의 표준어)로 사용하고 있어요. 그곳 사람들은 우레 치는 것을 '우뢰질하다', 많은 사람이 치는 큰 소리의 박수는 '우뢰 같은 박수 소리'라고 표현해요. 남북 간 언어의 차이를 보여주는 대표적인 말인 셈입니다.

기후 관련해 잘못 쓰이는 말로 '악천우'도 빼놓을 수 없어요. 악천후를 '비 우雨'가 들어간 '악천우'로 알고 쓰는 이가 많기 때문입니다. 악천후는 비뿐만이 아니라 눈이 올 수도, 우박이 쏟아질 수도, 바람이 매섭게 불어올 수도 있습니다. 한마디로 몹시 요란하고 나쁜 날씨를 표현한 말이죠. 나쁘다는 뜻의 '악惡'에 날씨를 의미하는 '천후天候'가 더해졌어요. 악천후보다 우리말 '거친 날씨'로 쉽게 말하는 게 좋겠습니다.

하늘에 사는 세 가지 개를 아시나요? 바로 안개·번개·무지개랍니다. 우레 비가 내리는 가을 날엔 셋 다 만날 수도 있어요. 새벽에 안개를, 한낮엔 번개를, 저녁에는 빛나는 무지개를요. 이래저래 가을은 참 매력적인 계절입니다.

농사 관련 재미있는 우리말

바심 곡식의 이삭을 떨어서 낟알을 거두는 일

* 조바심은 작은 조의 이삭을 떨어 거두려면 마음을 졸인다는 데서 나온 말

나비질 곡식의 검불 부스러기, 먼지를 날리려고 키 등으로 부쳐 바람을 일으키는 일

호미씻기 농촌에서 농사일, 특히 논매기를 끝낸 음력 7월께 날을 받아 하루 즐겁게 노는 것

풋머리 곡식이나 과일 등의 햇것이 나올 무렵. 또는 그 무렵의 곡식이나 과실

이듬 논밭을 두 번째 갈거나 매는 일

가을걷이 가을에 익은 곡식을 거두어들임

[퀴즈 정답] (1) ㉠ 웃통 (2) ㉠ 가냘프다

{ 알싸한 동백꽃의 비밀 }

✽

여수 오동도, 제주 서귀포 안덕면, 거제 지심도, 통영 장사도, 고창 선운사, 강진 백련사 하면 무엇이 떠오르나요? 모두 동백이 지천으로 피는 곳입니다. 겨울부터 봄까지 피고 지는 꽃. 벚꽃은 흩날릴 때 찬란하건만, 절정에 툭 떨어진 동백은 애잔하기 그지없어요. 유치환은 시 「동백꽃」에서 "그대 위하여선/ 다시도 다시도 아까울 리 없는/ 아 아 나의 청춘의 이 피꽃"이라고 읊었어요. 가장 고울 때 미련 없이 떨어지는 동백의 모습이 몹시 애달픕니다. 그래서 누군가 동백은 하늘에서, 땅에서, 가슴에서 세 번

피는 꽃이라 했나 봅니다.

　방그레 웃게 하는 동백도 있어요. 김유정의 소설 『동백꽃』입니다. 책장을 넘길 때마다 강원도 시골 마을에서 머슴 노릇하는 순박한 사내와 말괄량이 점순이가 눈앞에서 움직이는 것 같아요.

　　"'닭 죽은 건 염려 마라, 내 안 이를 테니.' 그리고 뭣에 떠다 밀렸는지 나의 어깨를 짚은 채 그대로 퍽 쓰러진다. 그 바람에 나의 몸뚱이도 겹쳐서 쓰러지며, 한창 피어 퍼드러진 노란 동백꽃 속으로 폭 파묻혀 버렸다. 알싸한, 그리고 향긋한 그 냄새에 나는 땅이 꺼지는 듯이 온 정신이 고만 아찔하였다."

　동백꽃은 붉거나 흽니다. 그런데 소설 속 동백꽃은 노랗고 알싸해 고개를 갸웃대는 이가 많을 거예요. '알싸하다'는 매운맛이나 독한 냄새로 콧속이나 혀끝이 알알하다는 뜻으로, 먹을거리에 어울리는 표현입니다. 소설의 배경은 강원도의 봄이에요. 강원도에서 살아 본 사람은 알아요. 소설이 쓰인 1930년대 그곳에 동백꽃이 없었다는 것을요. 1970~80년대 강원도에서 살았던 나 역시 동백꽃을 본 적이 없거든요.

　소설 『동백꽃』의 의문점은 사투리로 풀립니다. 강원도 사람들은 생강나무 꽃을 동백꽃이라고 부르거든요. 4월에 노란 꽃이

피는 생강나무엔 향신료와 한약재로 쓰이는 생강이 열리진 않아
요. 잎을 비비거나 가지를 꺾으면 생강 냄새가 나니까 그렇게 불
렀던 거예요.

이쯤 되니 알 것 같죠. 강원도 지역 가요와 민요 속 동백이 뭘
말하는지. 맞아요. 〈소양강 처녀〉 2절 "동백꽃 피고 지는 계절이
오면"과 〈강원도아리랑〉의 "열라는 콩팥은 왜 아니 열고 아주까
리 동백은 왜 여는가"의 동백도 노란 꽃이 피는 생강나무입니다.

이상기후로 꽃 피는 순서가 뒤죽박죽입니다. 그 덕인지, 탓인
지 우리나라 최북단 강원도 고성에서도 동백꽃 축제가 열립니
다. 산사에서, 소설에서 동백꽃에 울고 웃다 보니 온몸에 빨갛고
노란 꽃물이 들었네요.

마음이 편안해지는 우리말

굄성 남에게 사랑받을 만한 특성

사랑옵다 생김새나 행동이 사랑을 느낄 정도로 귀엽다

흐놀다 무엇인가를 몹시 그리면서 동경하다

슬겁다 마음씨가 너그럽고 미덥다

다붓다붓 여럿이 가깝게 붙어 있는 모양

늦먹다 마음을 느긋하게 가지다

거늑하다 부족함이 없어 마음이 아주 느긋하다

[퀴즈 정답] (1) ㉠ 반둥건둥 (2) ㉡ 고샅길

* '빈둥빈둥'은 게으름을 피우며 놀기만 하는 모양

* '오솔길'은 폭이 좁은 호젓한 길

{ 새롭게 태어나는 환골탈태 }

‡ ── 달곰쌉쌀한 퀴즈 ── ‡

다음 중 맞는 표현은?

(1) 하늘로부터 타고남

㉠ 천상 ㉡ 천생

(2) 얼굴을 속되게 이르는 말

㉠ 상판대기 ㉡ 상판때기

✽

매미가 허물을 벗는 모습은 경이롭습니다. 텔레비전 화면으로 봐도 숨이 멎을 정도예요. 그믐날 어둠이 깔리면 매미는 천적의 눈을 피해 허물을 벗으려 땅 위 세상으로 나옵니다. 고통을 이겨낼 굳은 마음으로 나무줄기에 발톱을 단단히 박아요. 드디어 때가 되면 자기 몸을 보호하던 껍질을 있는 힘껏 벗어던지고 날개를 펼칩니다. 7년의 고행 끝에 완전히 다른 모습으로 세상에 태어나는 순간이에요. 허물을 벗는 탈피脫皮는 성장이요, '새롭게 태어남'을 의미합니다. 진정한 **환골탈태**換骨奪胎입니다.

뼈를 바꾸고 태를 벗어요. 태는 태반胎盤, 즉 엄마 배 속의 '아기집'입니다. 환골탈태는 한마디로 바탕부터 모든 것을 바꿔 몰라볼 정도로 나아졌다는 뜻입니다.

표준국어대사전은 환골탈태를 "뼈대를 바꾸어 끼고 태를 바꾸어 쓴다는 뜻으로, 옛사람의 시문 형식을 바꿔 그 짜임새와 수법이 먼저 것보다 잘되게 함"을 이르는 말이라고 풀이합니다. 시 짓는 방법과 관련 있는 말임을 짐작할 수 있어요.

실제로 환골탈태는 옛 시를 짓는 방법인 환골법과 탈태법에서 유래했어요. 남이 쓴 시의 본뜻은 살리고 시어詩語만 달리 표현하는 것은 환골법, 본뜻을 조금 변용해 자신의 시에 담아내는 방식이 탈태법이에요. 좀 더 쉽게 말하면 환골은 시의 표현을 달리하는 것이고, 탈태는 시가 담고 있는 뜻을 바꾸는 방식입니다.

환골탈태는 사람이 더 나은 방향으로 변해 전혀 딴사람처럼 된다는 뜻도 있어요. 외모나 생활태도, 실력 등이 놀랍도록 나아졌다는 의미죠. 더 나아가 사람뿐만 아니라 조직이 문제점을 완전히 뜯어고쳐 발전적으로 변한다는 뜻으로도 쓰이고 있어요.

그런데 인터넷 공간에선 '환골탈퇴'를 쉽게 볼 수 있어요. 조직이나 단체 등에서 관계를 끊고 물러난다는 '탈퇴脫退하다'와 환골탈태의 뒷부분을 혼동한 것일까요? 작가, 기자 중에도 '환골탈퇴'를 쓰는 이가 꽤 있어요. 텔레비전 프로그램 속 자막은 말할 것도 없고요. '환골탈퇴'뿐만 아니라 '방방곳곳'(방방곡곡의 오류), '홀홀단신'(혈혈단신의 오류), '야밤도주'(야반도주의 오류), '사면초과'(사면초가의 오류), '공항장애'(공황장애의 오류) 등 잘못된 한자어가 춤을 춥니다.

 "한글과 한자의 두 날개로 날아야 우리말이 산다." 글을 읽고 이해하는 능력인 문해력을 높이려면 한자 교육도 필요하다고 학자들은 말합니다. 내실을 다진다는 의미의 환골탈태가 절실한 시절입니다.

모양 관련 우리말

곰비임비 물건이 거듭 쌓이거나 일이 계속 일어남을 나타내는 말

메지메지 물건을 여럿으로 따로따로 나누는 모양

애면글면 몹시 힘에 겨운 일을 이루려고 갖은 애를 쓰는 모양

잔생이 지긋지긋하게 말을 듣지 않는 모양

콩팔칠팔 하찮은 일을 가지고 시비조로 캐묻고 따지는 모양. 또는 갈 피를 잡을 수 없도록 마구 지껄이는 모양

이드거니 충분한 분량으로 만족스러운 모양

하롱하롱 말이나 행동을 가볍고 달뜨게 하는 모양

[퀴즈 정답] (1) ⓒ 천생 (2) ⓐ 상판대기

* '천상'은 하늘 위를 뜻함

{ 등목은 사랑입니다 }

‡ —— **달곰쌉쌀한 퀴즈** —— ‡

다음 중 맞는 표현은?

⑴ 몸을 가누어 움직이다

㉠ 추스르다 ㉡ 추스리다

⑵ 늙어 가는 무렵

㉠ 늙으막 ㉡ 늘그막

✽

경기도 연천에서 농기구 수리점을 하는 외삼촌과 이른 점심을 먹었어요. 소화도 시킬 겸 동네 한 바퀴 돌자는 삼촌을 따라나섰다가 참으로 정겹고 아름다운 모습을 봤어요.

"아가, 이리 온. 할미가 시원하게 등목해줄게." 마당 한가운데 물이 가득 담긴 빨간 대야 옆에 선 어르신이 그윽한 눈빛으로 남자아이에게 말합니다. '지하수라서 엄청 차가울 텐데.' 생각한 순간 "으아악~ 차가워. 할머니!" 엎드려 있던 아이가 벌떡 일어나며 호들갑을 떱니다. "이 녀석아, 뭐가 차갑다고 호들갑이여.

하하하." 손자의 등에 차가운 지하수를 끼얹는 할머니의 웃음소리엔 장난기가 넘쳐납니다. 누군가에게 등을 내어주고, 그 내민 등에 물을 뿌린 후 손바닥으로 어루만져 체온을 나누는 일은 사랑하는 이들만이 가능하지요.

엎드린 자세로 목에서부터 허리까지 물로 씻는 것은 등목, 등물, 목물이라고 해요. 그런데 '등+멱'인 등멱은 지금껏 표준어로 인정받지 못했어요. '멱'은 냇물, 강물 또는 바닷물에 들어가 논다는 뜻의 우리말 '미역'의 준말이에요. 구조로 보나 의미로 보나 표준어가 되는 데 전혀 문제가 없어요. 굳이 이유를 찾자면 우리 표준말에 해당하는 북한의 문화어이기 때문일 거예요.

북한의 문화어라는 이유로 금기시되는 말은 또 있습니다. 누에벌레(누에), 또아리(똬리) 등 버리기에 아까운 아름다운 우리말이에요. 동무, 인민, 뜨락 등은 표준어에 오르긴 했지만 그 어디서도 듣기가 어려워 아쉽습니다. 50대 이상 세대들은 어린 시절 고무줄놀이, 딱지치기, 비사치기를 하며 놀았던 친구를 '동무'라고 불렀습니다. 부모님과 선생님들도 "동무랑 싸우지 말고 친하게 지내거라"라고 가르쳤죠. 그런 까닭에 문학작품에서나마 이들 단어를 만날 때면 무척 반갑습니다.

그래도 길동무와 말동무에 위안을 받습니다. 길을 함께 가는 동무, 혹은 같은 길을 가는 사람이 길동무잖아요. 길벗이라고도 하죠. 동무가 곧 벗이니까요. 말동무 역시 말벗이라고도 해요. 그 어떤 이야기도 나눌 수 있는 친구예요. '벗과 동무', 따뜻한 느낌이 듭니다. 문득 이은상 시에 박태준이 곡을 붙인 〈동무 생각〉이 떠오르네요.

"봄의 교향악이 울려 퍼지는 청라 언덕 위에 백합 필 적에. 나는 흰나리 꽃 향기 맡으며 너를 위해 노래 노래 부른다. 청라 언덕과 같은 내 맘에 백합 같은 내 동무여. 네가 내게서 피어날 적에 모든 슬픔이 사라진다."

일본 심리상담사인 야마구치 하지메는 자신의 책 『아이의 뇌는 피부에 있다』에서 부모의 스킨십이 자녀를 긍정적이고 안정적인 사람으로 성장하게 한다고 강조합니다. 아이뿐일까요? 남녀노소 누구나 사랑의 손길엔 비뚤어질 수가 없을 거예요. 각박한 세상, 우리 가끔은 따뜻하게 안아주며 행복하게 살아요. 포옹이 어색하다고요? 그럼, 어깨동무는 어때요?

물 관련 우리말

자리끼 밤에 자다가 마시려고 잠자리의 머리맡에 두는 물

여울 강이나 바다 등의 바닥이 얕거나 폭이 좁아 물살이 세게 흐르는 곳

도래샘 빙 돌아서 흐르는 샘물

낙숫물 처마 끝에서 떨어지는 물

너울 바다의 크고 사나운 물결

마중물 펌프질을 할 때 물을 끌어올리기 위하여 위에서 붓는 물

[퀴즈 정답] (1) ㉠ 추스르다 (2) ㉡ 늘그막

‡ 한자어를 알아야 하는 이유 ‡

텔레비전 예능 프로그램을 보다 "풋" 하고 웃음을 터트린 적이 있어요. 재미있어서가 아니라 너무 황당해서인데요. 경쾌한 성우의 목소리를 떠올리며 읽어 보세요.

"깊은 밤, 이 시간만 되면 묘령의 할머니가 산을 마구 뛰어다닌다. 도대체 왜 이럴까? 이 묘령의 할머니를 따라가 보자……."

어느 대목에서 웃었는지 맞혀 보세요. 맞아요. '묘령의 할머니'예요. 묘령妙齡은 스무 살 정도의 여자 나이를 이르는 말이에요. 그런데 묘령의 할머니라니요! 하하하. 할머니가 스무 살이라는 것인지, 스무 살이 할머니처럼 늙었다는 것인지 도통 알 수가 없어 웃었답니다. 꽃다운 나이 스무 살은 방년芳年이라고도 해요. 나이를 이르는 말은 나이에 맞게 잘 써야 해요.

내친김에 기자들도 헷갈려 잘못 쓰는 한자어를 알려 드릴게요.

◇ 유명세有名稅
이름이 널리 알려지는 바람에 당하는 불편이나 곤욕을 세금에 빗댄 말.

유명세는 치르는 것이에요. '타다', '얻다'와는 어울리지 않아요.

유명세는 有名勢가 아니거든요.

◇ 구설과 구설수口舌數

구설은 남을 헐뜯는 말이고, 구설수는 남과 시비하거나

남에게서 헐뜯는 말을 듣게 될 운수.

구설에 오르다, 구설수가 있다고 표현해야 해요. 구설수에 오를 수는 없어요.

◇ 역임歷任

2개 이상 여러 직위를 두루 거쳐 지냄.

"신임 총리는 원내대표, 사무총장, 국회 상임위원장 등을 역임했다." (○)

"새로 온 부장은 전 직장에서 과장을 역임했다." (X)

역임을 力任으로 잘못 아는 이가 많아요.

◇ 수납收納

돈이나 물품 따위를 받아 거두어들임.

흔히 병원에서 돈을 낸다는 뜻으로 잘못 쓰이고 있어요. 지불이나 계산은

내가 하고, 수납은 병원이 하는 거예요.

◇ 접수接受와 신청申請

접수는 남이 하고, 신청은 내가 하는 것.

"그는 대학입시 원서를 접수했다." (X)

"그는 대학입시 원서를 제출했다." (○)

접수는 대학 측이 하는 거예요.

◇ 자문諮問

어떤 일을 좀 더 효율적이고 바르게 처리하기 위해 전문가 등 다른 사람의
의견을 물어보는 것.

자문을 구하다. (X)

자문하다. 의견을 구하다. (○)

자문은 하는 것이지 구하는 게 아니에요.

◇ 조우遭遇

우연히 만남.

약속한 후 만나는 것은 조우가 아니에요.

◇ 재원才媛

재주가 뛰어난 젊은 여자.

남자한테는 쓸 수 없어요. 남자는 재자才子랍니다.

◇ 묘령妙齡

스무 살 안팎의 여자 나이.

묘령의 할머니, 묘령의 아저씨는 잘못이에요.

◇ **일파만파**一波萬波

하나의 물결이 연쇄적으로 많은 물결을 일으킴. 잇따라 일어나는 사건을 비유.

일파만파 번지다, 일파만파 퍼지다로 씁니다. 일파만파를 낳다는 표현은

어색해요.

2

{ 무엇이 맞을까? 아리송한 우리말 }

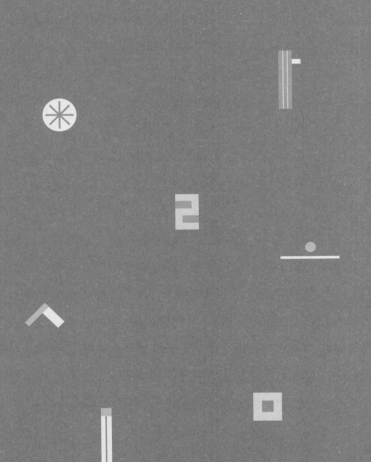

{ 쉬운 듯 어려운 숫자 읽기 }

✾

10을 가장 높은 수로 아는 어린아이가 많을 거예요. 손가락을 꼽으며 셀 수 있는 가장 큰 수잖아요. 당신은 어떤가요? 내 마음속 가장 큰 수는 100입니다. 100에 해당하는 우리말 '온'에는 '모두, 전부'의 의미가 담겨 있어서예요. 학창 시절 수학을 잘하지 못했어요. 솔직히 지금도 숫자가 커지면 머리가 슬슬 아파 온답니다. 숫자는 읽기만 잘하면 문제없다는 생각으로 편안하게 살고 있어요.

그런데 '숫자 제대로 읽기'가 생각만큼 쉽지 않습니다. 특히 대강 짐작해 헤아릴 경우 어떻게 말해야 할지 헷갈립니다. 문제 하나 내 볼게요. 넷이나 다섯쯤 되는 수의 우리말 바른 표기는 무엇일까요? "너댓"이라고 답을 했다면 안타깝지만 틀렸어요. 정답은 네댓, 너덧, 너더댓, 네다섯입니다.

하나나 둘쯤 되는 수는 **한둘**과 **한두**, 둘 다 쓸 수 있어요. 한두 는 관형사로 '물 한두 잔', '한두 표 차이'처럼 단위를 나타내는 말을 수식해요. 둘이나 셋은 **두셋, 두세**로 표현하는데, 두세 역 시 관형사로 단위를 나타내는 말 앞에 쓰여요. 셋이나 넷쯤 되는 수는 **서넛**이에요. 다섯이나 여섯은 '다서여섯'이라 말하는 이가 많지만, **대여섯**이 바른 표현이에요. 여섯이나 일곱 되는 수도 '여 서일곱'이 아니라 **예닐곱**입니다. 그런데 일곱이나 여덟의 경우엔 **일고여덟**이라고 표현해요. 일고여덟의 준말 일여덟도 표준어예요. 여덟이나 아홉 되는 수는 **여덟아홉**으로, 준말은 열아홉이에요.

열이 조금 넘는 수는 **여남은**이에요. '열 하고 남다'라는 뜻에 서 비롯된 말인 듯해요. '여라문'이라고 말하는 이가 종종 있는 데, 이는 잘못이에요. 스물이 조금 넘는 수인 **스무남은**과 예순이 조금 넘는 **예순남은**도 표준어로 사전에 올라 있어요.

나이를 말할 때도 머뭇거릴 때가 있죠? 마흔이 넘으면 나이를 잊어서(사실은 나이 먹는 게 싫어서) 그렇기도 하지만, 숫자 표현하는 게 서툴러서 그런 이도 꽤 있을 거예요. 가장 많이 하는 실수가 고유어와 한자어를 섞어 쓰는 거예요. "내 나이? 오십다섯"처럼요. 55세는 고유어로 '쉰다섯 살', 한자어로는 '오십오 세'라고 말해야 해요. 64세는 '예순네 살', '육십사 세', 42세는 '마흔두 살', '사십이 세'라고 해야 하고요.

수량이나 순서를 나타내는 수사는 의사소통에 꼭 필요한 말입니다. 그런데 숫자 읽기에서도 우리말이 영어에 밀려 속상할 때가 많아요. 원, 투, 스리, 포……. 굳이 이렇게 혀를 꼬아 가며 숫자를 셀 이유가 없는데 말이에요. 물건을 셀 때에는 '하나, 둘, 셋, 넷……'처럼 고유어로 읽고, 숫자를 셀 때에는 고유어 혹은 '일, 이, 삼, 사……'처럼 한자어로 읽어 보세요. 영어보다 훨씬 편안해요.

수량과 단위 관련 우리말

푼치 길이를 재는 단위. 푼과 치

모숨 모나 푸성귀 등 길고 가느다란 물건의, 한 줌 안에 들어올 만한 분량을 세는 단위

보지락 비가 온 양을 나타내는 단위. 빗물이 땅에 스며든 정도. "비가 한 보지락 시원하게 내렸다."

세뚜리 새우젓 등 한 독에 든 것을 세 몫으로 나누는 일. 또는 그렇게 나눈 분량

가웃 말, 되, 자 등의 반쯤 되는 양

자락 기다란 물건의 도막을 세는 단위

[퀴즈 정답] (1) ㉠ 괄시 (2) ㉡ 양칫물
* '괄시'는 한자어 恝視로, '괄세'로 써서는 안 됨

{ 잘 놀면 잘 큽니다 }

‡ —— **달곰쌉쌀한 퀴즈** —— ‡

다음 중 맞는 표현은?

(1) 천장을 알지 못한다는 뜻으로,

물가가 한없이 오르는 것을 비유적으로 이르는 말

㉠ 천장부지 ㉡ 천정부지

(2) 두께가 조금 얇다

㉠ 알팍하다 ㉡ 얄팍하다

✽

메뚜기치기·오둑떼기(함경도), 토끼치기(경기), 땅고작·땟공치기(전라), 짱치기(강원), 자거리·토끼방구(경북), 마때치기(충청)……

자치기의 사투리입니다. 양쪽 끝을 사선으로 자른 짤막한 나무토막을 긴 막대기로 친 후 날아간 거리를 재어 승부를 겨루는 놀이죠. 메뚜기, 오뚝이, 토끼는 작은 나무가 톡톡 튀기 때문에 붙여졌을 거예요. 예전 어린이들은 다양한 놀이를 즐겼어요. 땅

따먹기, 술래잡기, 무궁화꽃이피었습니다, 닭싸움, 구슬치기, 말뚝박기, 비사치기, 딱지치기, 실뜨기 등등. 올림픽도 부럽지 않았죠. "저녁 먹자!" 엄마의 목소리가 울려야 집으로 뿔뿔이 흩어졌어요. 어떤 날엔 휘영청 달이 밝을 때까지도 골목골목 아이들의 웃음소리가 끊이지 않았어요.

그래서일까요. 놀면서 키운 손가락 감각이 남다릅니다. 양궁, 사격, 골프, 탁구 등 손을 쓰는 대회에서 우리나라 선수들이 정상에 서는 이유 중 하나일 거예요. 과녁의 한가운데를 찌르는 정교함은 손가락 끝에서 나올 테니까요. 물론 젓가락질도 한몫했겠죠. 젓가락질에는 50여 개의 근육과 30여 개의 관절이 동시에 쓰인다는 전문가 분석도 있습니다.

우리 선수가 쏜 화살이 카메라 렌즈를 깨며 과녁의 한가운데를 맞히는 장면은 언제 봐도 멋집니다. 그런데 "황금 과녁을 맞춘 ○○○"이라는 자막이 한순간 감동을 무너뜨립니다. 쏘거나 던져서 어떤 물체에 닿게 하는 건 '맞추다'가 아닌 '**맞히다**'가 바른 표기입니다. 적중하다, 명중하다는 뜻이죠. 문제의 답을 찾았을 때도 '정답을 맞히다'라고 해야 해요. 수수께끼 역시 알아맞히는 거예요. '맞히다'는 '맞다'의 사동사로, 예방주사를 맞히다, 바람을 맞히다 등으로도 쓸 수 있어요.

한편 '맞추다'는 서로 떨어져 있는 부분을 제자리에 맞게 대어 붙인다는 뜻입니다. 퍼즐을 맞추고, 문짝을 문틀에 맞춰 짜야해요. 사랑하는 이와 뽀뽀할 때도 입을 맞춰야 하죠. 일정한 규격으로 만들도록 미리 주문할 때도 쓸 수 있어요. 양복이나 구두를 맞추고, 떡도 맞춥니다. '맞추다'는 또 둘 이상의 대상을 나란히 놓고 서로 비교한다는 뜻도 있어요. 따라서 시험 답안지에 쓴 것이 정답인지 친구와 비교해 볼 때는 "답을 맞춰봤다"가 바른 표현입니다.

　요즘 초등학생의 휴대전화 중독이 문제로 떠올랐어요. 소파 방정환의 「어린이 예찬」에 해결책이 있습니다. "마른 잔디에 새 풀이 나고, 나뭇가지에 새 움이 돋는다고 제일 먼저 기뻐 날뛰는 이가 어린이다. 별을 보고 좋아하고, 달을 보고 노래하는 것도 어린이요, 눈이 온다고 기뻐 날뛰는 이도 어린이다. 산을 좋아하고, 바다를 사랑하고, 큰 자연의 모든 것을 골고루 좋아하는 이도 어린이다." 아이들을 흙과 풀밭으로 나가게 하라는 말입니다.

어린아이 관련 우리말

밥빼기 동생이 생긴 뒤에 샘내느라고 밥을 많이 먹는 아이

눈자라기 아직 꼿꼿이 앉지 못하는 어린아이

등업이 아직 걷지 못하여 등에 업혀 다니는 아이

옴포동이 살이 올라 보드랍고 통통한 아이

응둥이 어른들이 귀여워해 줄 것을 믿고 버릇없이 굴며 자란 아이

양양거리다 어린아이가 우는 소리를 내며 자꾸 보채다

[퀴즈 정답] (1) ⓒ 천정부지 (2) ㉠ 얄팍하다

* '천장'이 옳은 표기이나 '천정부지'가 널리 쓰여 예외적으로 표준어로 인정됨

{ 산봉우리에서 만난 꽃봉오리 }

다음 중 맞는 표현은?

(1) 코끝 양쪽으로 둥글게 방울처럼 나온 부분

㉠ 콧망울 ㉡ 콧방울

(2) 화투 놀이에서, 잘못되어 판이 무효가 됨

㉠ 파투 ㉡ 파토

✽

　이른 봄에 피는 꽃은 작고 여리지만 향이 강하고 생명력이 넘쳐납니다. "꽃밭을 거닐다가 소매 가득 향기를 안고 돌아온다"는 서거정의 시구가 그냥 나온 것이 아니에요. 잔설을 밀어내고 고운 꽃을 피워 올리는 기운은 어디에서 나오는 걸까요? 참으로 오묘한 생명의 원리입니다. 봄이면 터지는 꽃봉오리들에 마음 가득 꽃물이 들어요. 분홍빛, 노란빛, 우윳빛, 보랏빛…… 꽃은 언제 보아도 새롭고 정겹습니다.

국립현충원은 꽃구경하기 좋은 곳이에요. 호국영령들의 넋이 잠든 곳으로 꽃구경을 간다고? 이상하게 생각하는 이가 좀 있겠네요. 그런데 수양벚꽃이 국가유공자의 충의를 상징하는 꽃임을 안다면 고개를 끄덕일 거예요. 현충탑으로 향하는 길의 수양벚나무는 한 폭의 수채화 같아요. 늘어진 가지마다 연분홍 꽃송이들이 손에 닿을 듯 살랑거립니다.

서문 진입로에 들어서면 진달래, 붓꽃, 야생화를 만날 수 있어요. 현충원을 빙 둘러 조성된 둘레길(둘렛길이 바른 표기이지만 도무지 말맛이 나지 않아 쓸 수가 없네요)은 언덕길, 꽃길, 숲길이 이어져 걷기에 안성맞춤입니다. 딱따구리, 파랑새, 소쩍새 지저귀는 소리에 시간 가는 줄도 모르고 마냥 걷게 됩니다.

그런데 마음을 써서 지켜야 할 것이 있어요. 문을 나설 때까지 숙연한 마음으로 계절을 즐겨야 해요. 봄에 취해 깔깔거리거나 큰 소리로 떠들어선 안 돼요. 나라를 위해 목숨 바친 분들이 잠든 곳이니까요.

충남 아산 현충사 꽃소식도 반갑습니다. 이순신 장군의 고택 마당엔 해마다 봄이면 홍매화, 청매화가 활짝 피고, 산수유도 흐드러지게 꽃망울을 터뜨립니다. 목련도 꽃을 다 피워 주변을 온통 환하게 밝힙니다.

목련만큼 이름 많은 꽃이 있을까요? 겨울눈이 붓을 닮아 목필화木筆花, 봄을 맞이한다는 뜻의 영춘화迎春花, 꽃봉오리의 끝이 북녘을 향한다 해서 붙은 북향화北向花, 은은한 향기가 난초향 같다고 해서 목란木蘭……. 연꽃을 닮은 꽃모양 때문에 붙은 '나무에 피는 연꽃'이라는 뜻의 목련도 깊게 와닿습니다.

꽃봉오리는 꽃망울과 같은 말입니다. 망울만 맺히고 아직 피지 않은 꽃을 뜻하죠. 몽우리도 피지 않은 어린 꽃봉오리를 가리킵니다. 꽃봉오리는 줄여서 봉오리라고도 해요.

그런데 봉우리 때문에 '꽃봉우리'로 잘못 쓰는 경우가 많아요. 봉우리는 산봉우리와 같은 말로 산에서 뾰족하게 높이 솟은 부분을 말합니다. 그러니 봉峯을 가리킬 땐 '산봉우리', 꽃망울을 말할 땐 '꽃봉오리'라고 해야 합니다. 또 간혹 몽우리를 '몽오리', 꽃망울을 '꽃멍울'로 말하는 이도 있는데, 둘 다 바른 말이 아니에요. 몽우리와 망울만이 표준어입니다. 그래도 헷갈린다면 '꽃봉오리 = 꽃망울 = 봉오리 = 몽우리'를 기억하세요. 산봉우리만 따로 떼어 내면 크게 헷갈릴 일이 없어요.

봄은 꽃과 함께 옵니다. 누군가는 꽃과 봄은 보는 것보다 기다릴 때 더 간절하다고 했어요. 법정스님의 법문이 생각납니다.

"봄이 와서 꽃이 피는 게 아니라 꽃이 피어나기 때문에 봄을 이루는 것입니다. 우리 자신은 이 봄날에 어떤 꽃을 피울 것인지 각자 한번 살펴보십시오."

자연에서 만난 고운 우리말

갈목 갈대의 이삭

꽃바다 꽃이 많이 피어 있는 넓은 벌판이나 꽃밭을 비유적으로 이르는 말

늦잎 제철이 지나도록 지지 않은 잎

떨켜 낙엽이 질 무렵 잎자루와 가지가 붙은 곳에 생기는 특수한 세포층

돌옷 돌이나 바위의 거죽에 난 이끼

삘기 볏과의 여러해살이풀인 띠의 어린 꽃이삭

{ 한약 '다려' 드립니다! }

‡ —— **달곰쌉쌀한 퀴즈** —— ‡

다음 중 맞는 표현은?

(1) 월급을 받는 사람을 낮잡아 이르는 말

㉠ 월급쟁이 ㉡ 월급장이

(2) 물체의 삐죽하게 내민 부분

㉠ 얼떠구니 ㉡ 뿌다구니

❋

제기동 '서울약령시'는 규모가 굉장합니다. 한의원과 한약방이 밀집해 있는 이곳에선 목적에 맞게 잘 찾아 들어가야 해요. 한의사가 있어서 진단과 처방, 조제가 가능한 곳은 한의원이고, 한약업사가 한약서에 실린 처방이나 한의사의 처방전대로 한약을 혼합 판매하는 곳은 한약방이에요.

골목을 한참 헤매다 지인이 추천한 한의원을 찾았습니다. 그런데 출입문에 붙어 있는 "맞춤형 한약 다려 드립니다"라는 문구를 보고 그냥 돌아섰어요. '다린' 약을 먹고 어떻게 건강해질 수 있겠어요? 한약 한 사발이 약효를 내기 위해서는 한지 3,000 장을 태워 달여야 한다는 말이 있어요. 이처럼 한약은 '다리는' 것이 아니라 정성껏 '달여야' 해요.

우리말에는 뜻은 다른데 발음이 같거나 비슷해 헷갈리는 단어가 꽤 있어요. '달이다'와 '다리다'도 그중 하나입니다. '다리다'는 천, 옷 등의 주름이나 구김을 펴고 줄을 세우기 위해 어떤 도구로 문지른다는 뜻의 동사입니다. 지금은 대부분 다리미를 쓰고 있지만 예전엔 화로 속에서 뜨겁게 달궈진 인두로 구김을 폈어요. 인두로 한복 동정을 다리며 옛날이야기를 해주시던 외할머니의 모습이 지금도 눈에 선해요. 친근한 말맛의 '대리미', '대림질' 등은 강원도와 경상도 일부 지역의 사투리예요.

'달이다'는 끓여서 진하게 만들거나, (약재 등에) 물을 부어 우러나도록 끓이는 걸 뜻합니다. "감기로 목이 붓고 아플 때는 말린 도라지 뿌리와 감초를 달여 먹으면 좋다", "온 집 안이 장 달이는 냄새로 진동했다"처럼 활용할 수 있어요.

'절이다'와 '저리다'도 발음은 같지만 뜻이 달라 잘 가려서 써야 해요. '절이다'는 푸성귀나 생선 등에 소금기나 식초, 설탕 등이 스며들어 간이 밴다는 뜻의 말 '절다'의 사동사예요. '저리다'는 "손발이 저려 밤새 한숨도 못 잤어"처럼 근육이나 뼈마디가 오래 눌려 피가 잘 통하지 못해 감각이 둔하고 아리다는 뜻의 형용사입니다.

경기침체로 서민들 걱정이 깊어지고 있어요. 옷의 주름은 다리미로 편다지만, 살림살이 주름은 어찌할지 걱정이 큽니다. 청년들은 일자리를 찾아서, 주부들은 살림살이가 좋아져서 눈가에 주름이 생길 만큼 환하게 웃는 모습을 보고 싶어요.

우리말 단위

두름 조기 등 물고기를 짚으로 한 줄에 열 마리씩 두 줄로 엮은 것

손 조기, 고등어, 배추 등 한 손은 큰 것 하나와 작은 것 하나를 합한 것. 미나리나 파 등의 한 손은 한 줌 분량

접 채소나 과일 등을 묶어 세는 단위. 한 접은 채소나 과일 백 개

쾌 북어를 묶어 세는 단위. 한 쾌는 북어 스무 마리

축 오징어를 묶어 세는 단위. 한 축은 오징어 스무 마리

갓 고비, 고사리 따위 열 모숨을 한 줄로 엮은 것

첩 약봉지에 싼 약의 뭉치를 세는 단위

[퀴즈 정답] (1) ㉠ 월급쟁이 (2) ㉡ 뿌다구니

{ 꽃들의 싸움, 화투 }

✢ —— **달곰쌉쌀한 퀴즈** —— ✢

다음 중 맞는 표현은?

(1) 노름이나 내기 등에서 남이 가지게 된 몫에서 조금 얻어 가지는 공것

㉠ 깨평 ㉡ 개평

(2) 한 발은 들고 한 발로만 뛰는 행동을 뜻하는 표준어

㉠ 앙감질 ㉡ 개금질

✻

꽃들이 싸웁니다. 매화, 벚꽃, 난초, 모란, 국화 등 하나같이 쟁쟁합니다. 그 치열함 속에 격언(?)이 넘실댑니다. "비풍초똥팔삼". 살다 보면 뭔가를 포기해야 할 때가 온다. 그럴 땐 버리는 것도 우선순위를 잘 정하라. "광 하나는 가지고 살아라". 누구라도 한 번쯤 실패를 맛본다. 그럴 때일수록 마지막에 내놓을 것 하나는 꼭 쥐고 있어라. "낙장불입". 한 번의 실수가 인생에 어마어마한 결과를 낳을 수 있다. 행동 하나하나에 조심하라.

꽃이 그려진 48장으로 된 놀이용 딱지, 화투 이야기입니다. 명

절 때마다 시골 마을회관은 시끌벅적합니다. 아들 딸 며느리 사위에 손주까지 자랑하러 모인 어르신들이 마당에선 윷놀이를, 방 안에선 화투 놀이를 즐길 테니까요. 화투는 노는 방식이 복잡해 셈이 어두운 나는 끼어들 엄두도 못 낸답니다.

월별로 그림을 맞추는 '민화투'가 기본입니다. 민화투를 빼면 놀이 수준이 확 높아지죠. 다섯 장의 패 가운데 석 장으로 열 또는 스물을 만들고, 남은 두 장으로 땡 잡기를 하거나 끗수를 맞춰 많은 쪽이 이기는 건 '짓고땡'(지쿠땡·짓고땡이는 잘못)입니다. 점수가 육백 점이 될 때까지 겨루는 '육백', 두 장씩 나누어 가진 화투장을 남과 견주어 가장 높은 끗수를 가진 이가 이기는 '섰다' 등은 설명을 몇 번씩 들어도 막상 판에 끼어들면 헤맨답니다. 민속놀이는 아니지만 워낙 즐기는 이가 많아 민화투, 짓고땡(도리짓고땡), 육백, 섰다, 고스톱 등은 표준어에도 올랐어요.

'화토'는 경상도, 강원도, 전라도, 제주도 사투리예요. '꽃들의 싸움'을 한자어로 표현한 화투花鬪만 표준어입니다. 따라서 화투판에서 누군가 슬쩍 화투짝 한두 장을 숨기거나, 치던 순서가 뒤바뀌어 판이 틀어졌을 땐 '파토'가 아니라 '파투'가 난 거예요.

'한 끗 차이'는 화투에서 나온 표현입니다. '끗'은 화투의

점수를 나타내는 단위예요. 화투판이 끝나면 '한 끗, 두 끗, 세 끗……'처럼 점수를 따지죠. 한 끗 차이는 딱 1점으로 아슬아슬하게 승부가 갈린 판이에요. 일상에선 '아주 작은 차이'로 자주 입에 오르내리고 있어요. 화투판을 생각한다면 '한 끝 차이'라는 잘못된 말은 더 이상 쓰지 않겠죠.

'끗발 좋다'라는 표현도 화투판에서 생겨났어요. 좋은 끗수가 이어지는 게 끗발이에요. 끗발 역시 뜻이 확장돼 (속되게) 당당한 권세나 기세를 나타냅니다.

심심해서, 혹은 남루한 현실을 벗어나고 싶어 도박판에 끼는 순간 인생의 낭떠러지를 경험할 수 있어요. 화투는 장소와 상대를 잘 판단해야 해요. 놀이와 도박은 딱 한 끗 차이니까요.

놀이 관련 우리말

모꼬지 놀이나 잔치 또는 그 밖의 일로 여러 사람이 모이는 일

도리기 여러 사람이 나누어 낸 돈으로 음식을 장만하여 나누어 먹음. 혹은 그런 일

술래 술래잡기 놀이에서, 숨은 아이들을 찾아내는 아이

두럭 놀이나 노름을 하기 위하여 모인 사람의 무리

꼬드기다 연 놀이를 할 때, 연이 높이 올라가도록 연줄을 잡아 젖히다

소꿉 아이들이 살림살이하는 흉내를 내며 놀 때 쓰는 그릇 등의 장난감

[퀴즈 정답] (1) ⓒ 개평 (2) ㉠ 앙감질
* '개금질'이라고 쓰기도 하나 '앙감질'만 표준어임

{ 꿈을 좇는 이들 }

✳

노래로도 나이를 알 수 있어요. 졸업식 하면 어떤 노래가 떠오르나요? "빛나는 졸업장을 타신 언니께. 꽃다발을 한 아름 선사합니다. (중략) 잘 있거라 아우들아 정든 교실아. 선생님 저희들은 물러갑니다." 오래전 그날 〈졸업식 노래〉가 울려 퍼지면 식장은 울음바다로 변했어요. 막냇동생을 업고 교실 맨 뒷자리에서 공부했던 친구도, 배고픈 제자와 도시락을 나눠 먹었던 선생님도, 몇 년 만에 화장을 하고 한복까지 곱게 차려입은 엄마들도 울었어요.

요즘 졸업식은 경쾌합니다. 참석자 모두 밝은 표정이에요. 강당에 설치된 스피커를 타고 나오는 노래에 몇몇 졸업생들은 춤도 춥니다. "우리 처음 만났던 어색했던 그 표정 속에 서로 말 놓기가 어려워 망설였지만 (중략) 안녕은 영원한 헤어짐은 아니겠지요. 다시 만나기 위한 약속일 거야." 015B의 〈이젠 안녕〉이에요.

졸업식 분위기가 바뀌었어요. 당연한 변화입니다. 80세가량 된 늙은 〈졸업식 노래〉엔 지금과 뜻이 다른 '언니'가 등장해요. 여자끼리 칭하는 '언니'가 아닌 손윗사람을 다정하게 부르는 호칭이에요. 2절에 나오는 '아우'도 요즘엔 듣기 힘든 말이에요. 주로 남동생을 이를 때 쓰지만 노래에선 손아랫사람을 칭합니다.

졸업식장의 거품은 많이 빠졌어요. 전날 졸업식에 '다녀온' 꽃다발이 중고로 싸게 거래됩니다. 비누로 만든 꽃도 큰 인기를 끌어요. 졸업생들은 입었던 교복을 후배들에게 물려줍니다. '꽃 안 주고 안 받기' 운동을 벌인 학교도 있어요. 고물가 시대를 살아가는 지혜이지 싶습니다.

사자성어를 들먹이며 잘난 척하던 축사는 사라졌습니다. 새롭게 시작하는 이들에겐 짧고 인상적인 조언이 최고죠. 옥스퍼드대 졸업식에서 "포기하지 말라. 절대로 포기하지 말라" 딱 두 마디로 축사를 마친 윈스턴 처칠이 박수를 받은 이유예요. 달라이 라마도 "불굴의 정신으로 진짜 인생을 시작하라"고 조언한 후 곧장 연단을 내려왔죠.

모든 졸업생은 꿈을 향해 나아갈 거예요. 꿈은 좇아야 합니다. '좇다'는 목표, 이상, 행복 등을 추구하거나, 남의 말이나 뜻을 따를 때 어울려요. 희망을 좇고 명예를 좇고 의견을 좇아요. 어디론가 이동은 있지만 직접 발걸음을 옮기지는 않아요. 심리적 이동만 있을 뿐입니다.

'쫓다'는 발걸음을 떼어서 공간을 이동할 때 어울려요. "쫓고 쫓기는 추격전을 벌였다", "음주운전 차량을 끝까지 쫓아가 잡았다"처럼 활용할 수 있습니다. "황소가 꼬리를 흔들어 등에 붙은 파리를 쫓았다"와 같이 어떤 자리에서 내몬다는 의미도 있어요.

졸업식이 끝난 후 짜장면 먹는 것만큼은 여전하네요. 졸업식 날에만 먹을 수 있었던 고급 음식 짜장면. 함께 짜장면을 먹었던 친구들은 꿈을 이뤘는지, 문득 벗이 보고 싶습니다.

걸음 관련 재미있는 우리말(1)

발밤발밤 한 걸음 한 걸음 천천히 걷는 모양

걸음나비 걸음을 걸을 때 앞발 뒤축에서 뒷발 뒤축까지의 거리

우산걸음 걸을 때 우산을 들었다 내렸다 하듯이 몸을 추썩거리며 걷는 걸음

명매기걸음 맵시 있게 아장거리며 걷는 걸음

노루걸음 노루처럼 겅중겅중 걷는 걸음

달팽이걸음 가는 듯 마는 듯 아주 느리게 걷는 걸음

[퀴즈 정답] (1) ⓛ 지새우다 (2) ㉠ 젖니

* '지새다'는 달이 사라지면서 밤이 새다는 뜻으로, 한숨도 자지 않고 밤을 지낸다는 의미로 쓸 때는 '지새우다'로 써야 함

{ 난이도는 조절하고 난도는 낮추고 }

‡ —— **달곰쌉쌀한 퀴즈** —— ‡

다음 중 맞는 표현은?

(1) 지원자 수에 대한 합격자 수의 비율

㉠ 합격률 ㉡ 합격율

(2) 어떤 분야를 대표할 만하다

㉠ 내노라하다 ㉡ 내로라하다

✽

"산산이 부서진 언어영역이여/ 찾아도 답이 없는 수리영역이여/ 풀다가 내가 지칠 사탐·과탐이여/ 시험지에 남아 있는 문제 하나는/ 끝끝내 마저 찍지 못하였구나."

입시 때만 되면 웃음을 주는 시예요. 왠지 익숙하다고요? 맞아요. 김소월의 「초혼」을 패러디한 거예요. 1989학년도 대학입학 학력고사가 치러진 1988년 12월 16일. 이날은 예비고사, 학력고사, 대학수학능력시험(수능)을 통틀어 역대 가장 추웠던 시험일로 남았습니다. 이날 최저 기온은 영하 12.2도. 매서운 한파가 몸과 정신을 움츠러들게 했죠. 어떻게 기억하냐고요? 그날 내가 학력고사를 치렀거든요.

입시만큼 매섭고 독한 제도가 있을까요? 시험 날 딱 하루에 너무나도 많은 것이 달려 있으니 말입니다. 게다가 웃는 이는 몇 명뿐, 많은 이가 울고 힘들어하죠. 수험생을 둔 부모들은 경남 남해 보리암까지 찾아가 치성을 올리기도 합니다. 태조 이성계가 그곳에서 백일기도 후 조선 개국에 성공했으니, 정성을 들이면 내 자식도 대학에 무사히 입학할 것 같은 마음에서 말이에요.

수험생과 학부모의 마음과 달리 몇 년 전부터 '킬러문항'이 떠오르고 있습니다. 이 말은 들을 때마다 영 껄끄러워요. 영어 킬러killer에 한자 문항問項을 더한 야릇한 용어입니다. 시험의 변별력을 높이기 위해 수험생의 점수를 깎는 의도로 출제돼온 문제인데, 굳이 영어를 갖다 쓴 이유가 궁금합니다. '초고난도 문항'이나 '핵심 문항' 등으로 표현해도 충분할 텐데요.

수능 때만 되면 잘못 쓰이는 단어도 있습니다. 바로 난도와 난이도입니다. 난도難度는 어려운 정도를 뜻해요. 따라서 난도가 높다, 혹은 낮다고 표현합니다. '불수능'은 난도가 아주 높은 수능을, '물수능'은 난도가 너무 낮은 수능을 비난하는 말이에요.

난이도難易度는 어렵고 쉬운 정도를 뜻하는 말로, '조절하다', '고려하다' 등의 동사와 어울립니다.

시험을 '치르다'라는 표현도 '치루다'로 잘못 알고 쓰는 이가 많아요. 우리말에 '치루다'는 존재하지 않습니다. '치르다'는 무슨 일을 겪어 낸다는 뜻의 동사로, 시험뿐만 아니라 운동회, 장례식·결혼식, 선거 등에도 어울려요. 생각지 않게 곤욕을 치르기도 하고, 유명세도 치르죠. 또 여행을 떠나 방값과 밥값 등 돈을 지불할 때도 '치르다'가 적절한 표현이에요. "저녁을 치르고 산책에 나서던 참이다"처럼 '치르다'에는 '먹는다'는 뜻도 있습니다.

'치르다'는 활용할 때 주의해야 해요. '치러, 치르니, 치러서, 치르고' 등과 같이 '으' 불규칙 활용되기 때문이에요. 어미 '-어'가 오면 '-으'가 탈락해 '-러'로 발음돼요. "계약금을 치러라", "수능을 잘 치러라"처럼 쓰면 됩니다.

긍정적인 생각이 성공을 불러온다고 해요. 실제로 무슨 일이든 믿는 만큼 이뤄지더라고요. 미국의 베스트셀러 작가이자 목사인 조엘 오스틴도 『긍정의 힘』에서 긍정적인 사고의 원천은 믿음이라고 강조했어요. 시험을 앞두고 있다면, 자신을 믿고 자신 있게 시험을 치르세요.

공부 관련 재미있는 우리말

게꽁지 지식이나 재주 따위가 아주 짧거나 보잘것없는 것을 비유적으로 이르는 말

글속 학문을 이해하는 정도

밑글 배우고 있는 책에서 이미 배운 부분의 글

본데 봐서 배운 범절이나 솜씨 또는 지식

헛글 배워서 값있게 쓰지 못하는 글

적바림 나중에 참고하기 위해 글로 간단히 적어 둠. 또는 그런 기록

[퀴즈 정답] (1) ㉠ 합격률 (2) ㉡ 내로라하다

* 모음과 'ㄴ' 뒤에서는 '율'로, 나머지 자음 뒤에서는 '률'로 표기

{ 마음 졸인 날엔 갈치조림 }

‡ ── **달곰쌉쌀한 퀴즈** ── ‡

다음 중 맞는 표현은?

(1) 이유 없이 남 말에 반대하기를 좋아함,

또는 그런 성격을 지닌 사람을 뜻하는 표준어

㉠ 터럭바리 ㉡ 트레바리

(2) 깎아지른 듯한 언덕

㉠ 낭떠러지 ㉡ 낭떨어지

✻

  '칼치'. 예전엔 갈치를 이렇게 불렀어요. 긴 칼처럼 생겼기 때문이죠. 한자 이름도 '칼 도' 자가 들어간 도어刀魚입니다. 서양 사람들 눈이라고 다를까요? 그들은 옛날 선원이나 해적들이 쓰던 칼(cutlass·커트러스)을 떠올려 커트러스피시cutlassfish라고 합니다.

  날이 더워질 때 잡히는 새끼 갈치는 풀치예요. 산갈치는 몸이 너무 커서 산으로 올라간다는 속설의 주인공입니다. '목포 먹갈치, 제주 은갈치'는 잡는 방식의 차이를 보여줍니다. 먹갈치는 그물로 잡아 하얗게 빛나는 은분이 군데군데 벗겨져 붙은 이름이에요. 은빛이 선명한 은갈치는 낚시로 한 마리씩 낚아 올립니다.

갈치를 경상도에선 번젱이, 칼치라고 합니다. 강원도, 전라도, 충청도 사투리도 칼치예요. 갈치가 '칼치'에서 왔음을 짐작할 수 있습니다. 국어학자들도 갈치는 '칼[刀]'이 유기음화하기 이전의 형태인 '갈'에 접미사 '-치'가 붙은 것으로 봅니다.

제주 바다 위 배에서 먹은 갈치회 맛을 잊을 수가 없습니다. 억새가 은빛으로 물결치던 날 새벽, 윤슬을 헤치고 잡아 올린 갈치가 어찌나 빛나던지 회를 먹은 건지 해를 먹은 건지 지금도 헷갈립니다. 그날 갈치에 호박과 배춧잎을 넣고 끓여 먹은 갈칫국은 가장 제주다운 음식으로 남았습니다.

전국의 맛있는 음식이 골목골목 들어앉은 남대문시장에선 갈치조림이 인기죠. 토막 낸 갈치를 도톰하게 썬 무 위에 올리고 매콤한 양념을 끼얹어 끓여 내면 안주로도 그만입니다. 갈치골목 한 식당 주인은 "양념이 생선과 무에 골고루 밸 때까지 잘 조리는 게 중요하다"고 비법을 알려줬어요.

'조리다'와 '졸이다'의 차이가 궁금합니다. 조리는 것은 고기, 생선, 채소 등에 양념장과 물을 넣고 바짝 끓여서 양념이 배어들게 하는 요리 방식입니다. 간장에 쇠고기를 넣고 조린 반찬은 장조림, 감자를 넣으면 감자조림이에요. 갈치를 양념장에 조리면 갈치조림이, 고등어를 넣으면 고등어조림이 되죠.

'졸이다'는 '졸다'의 사동사입니다. '졸다'는 찌개, 국, 한약 등의 물이 졸아 분량이 적어지는 것. 그러니 졸이기는 끓여서 물의 양을 줄어들게 한다는 뜻이에요. 찌개와 국은 국물이 너무 줄어들면 짜서 못 먹을 수도 있어요.

둘 다 끓이는 과정이 있지만 목적은 달라 구분하기 어렵지 않아요. 물의 양을 줄이기 위해 끓이는 건 '졸이다'로, 양념이 배어들게 끓인다면 '조리다'로 쓰면 되거든요.

살다 보면 누구나 속이 탈 것처럼 마음 졸이는 일을 마주하게 됩니다. 그런 날엔 친구와 얼큰한 갈치조림에 소주 한잔은 어떨까요? 초조했던 속이 풀리면서 없던 힘이 생겨날 거예요.

음식 관련 우리말

맛깔 음식 맛의 성질

고명 음식의 모양을 돋보이게 하고 맛을 더하기 위해 음식 위에 얹거나 뿌리는 것

곁두리 농사꾼이나 일꾼들이 끼니 외에 참참이 먹는 음식

도리깨침 너무 먹고 싶거나 탐이 나서 저절로 삼켜지는 침

깨지락깨지락 조금 달갑지 않은 음식을 억지로 굼뜨게 자꾸 먹는 모양

버무리 여러 가지를 한데에 뒤섞어서 만든 음식

[퀴즈 정답] (1) ⓛ 트레바리 (2) ㉠ 낭떠러지

* '터럭바리'는 말과 행동이 거친 왈패의 경상도 사투리

{ 감기를 낳으면 큰일 }

✳

체력이 좀 약해졌나 싶더니 그 틈을 타고 감기가 들어왔어요. 입맛이 떨어져 당최 뭘 먹어도 쓰기만 합니다. 쌈밥, 생굴, 곰치 맛집을 가도 영 입맛이 살아나지 않아요. 된장 푼 쌀뜨물에 살이 통통한 새꼬막과 청양고추를 넣어 끓인 알큰한 꼬막된장국을 먹어도 감칠맛을 모르겠어요. 큰일 났네요.

콜록대고 훌쩍거리는 바람에 "감기 걸렸어요? 빨리 나으세요"라는 문자 메시지를 여러 개 받았어요. 그중엔 "감기 얼른 낳으세요"라는 메시지도 있어요. 장난이지 싶다가 혼동했을 수도 있겠다는 생각이 들었어요. 실제로 '낳다'와 '낫다'는 발음이 비슷해 많은 이가 헷갈려 하는 말이거든요.

    '낳다'는 "낳는 놈마다 정승 난다", "낳은 정보다 기른 정이 더 크다" 등의 속담처럼 배 속의 아이, 새끼, 알을 몸 밖으로 내놓다, 즉 출산出産을 뜻합니다. [나타]라고 소리 내야 해요. 'ㅌ'은 'ㅎ'과 'ㄷ'을 합한 소리예요. 그런데 '-아, -으면, -으니'로 활용할 경우엔 발음에서 'ㅎ'이 사라집니다. '낳다'와 '낫다'를 혼동하게 되는 순간이에요. 활용어에 '낳고, 낳아, 낳아서, 낳으면, 낳으니'처럼 'ㅎ'을 밝혀 적는 것은 '낫다'의 뜻과 구분하기 위해서입니다.

    그러니 "감기 얼른 낳으세요"는 나에게 '감기 엄마'가 되라는 (너무나도 터무니없는) 말이에요. 감기 등 병이나 상처 따위가 고쳐져 원래대로 된다는 뜻의 표현은 '낫다'입니다. 낫다는 '낫고, 나아, 나아서, 나으면, 나으니'처럼 활용할 수 있어요. 어간 'ㅅ'은 'ㅇ'으로 시작되는 어미와 만나면 표기에 'ㅅ' 받침을 반영하지 않기 때문이에요. '낫다'는 [낟따], '낫고'는 [낟꼬]로 발음합니다.

    감기感氣는 한자어지만 중국에선 쓰지 않는 말이에요. 중국 사람들은 감기를 '감모感冒'라고 합니다. 일본에서 온 한자도 아니에요. 일본 사람들은 감기를 '풍사風邪'라고 하거든요. 조항범 교수는 "감기는 우리나라에서 만든 한자어일 가능성이 크다"며 "일찍이 '감모'가 우리말에 들어왔으나, 지금은 '감기'에 밀려 잘 쓰이지 않는다"고 말합니다.

순우리말 '고뿔'도 감기에 밀려 요즘엔 듣기가 어렵습니다. "고뿔은 밥상머리에서 물러간다", "정승 될 아이는 고뿔도 안 걸린다", "남의 죽음이 내 고뿔만도 못하다", "고뿔도 제가끔 앓으랬다" 등의 속담이나 문학작품에서나 고뿔을 만날 수 있어요.

고뿔의 어원은 '곳블'입니다. '고ㅎ(코) + ㅅ + 블(불)'의 형태로, '코에서 나는 불'입니다. 감기의 대표적인 증상이 콧물과 코막힘이잖아요. 줄줄 흐르는 콧물을 계속 닦거나 막힌 코를 뚫기 위해 킁킁거리면 코에서 불이 나는 것처럼 열이 난답니다.

어릴 적, 감기에 걸리면 엄마가 껍질 벗긴 배에 통후추와 꿀을 넣고 푹 끓여 줬어요. 그걸 먹고 한숨 자고 나면 열이 떨어지고 기침도 멈췄죠. 핀란드 사람들은 뜨거운 블랙베리 주스를, 오스트레일리아 사람들은 벌꿀을 넣은 뜨거운 레몬차를 마신대요. 동서양을 막론하고 감기엔 민간요법이 통했나 봅니다. 민간요법엔 걱정과 사랑이 녹아 있어서일 거예요.

감기 관련 우리말

고뿔 감기의 우리말

가르랑거리다 목구멍에 가래 등이 걸려 숨을 쉴 때 가치작거리는 소리가 자꾸 나다

갈걍갈걍하다 얼굴이 파리하고 몸이 여윈 듯하나 단단하고 굳센 기상이 있다

갑갑하다 가슴이나 배 속이 꽉 막힌 듯 불편하다

훌쩍훌쩍 콧물을 자꾸 들이마시는 소리 혹은 모양

가쁘다 숨이 몹시 차다

[퀴즈 정답] (1) ㉠ 짤따란 (2) ㉡ 겉치레

‡ 뒷목 잡게 하는 띄어쓰기 ‡

작가가 아니라도 글 쓸 일이 많은 세상입니다. 회사 일로 보고서를 써야 하고, 메일도 보내야 해요. 휴일엔 특별한 음식을 먹거나, 멋진 곳에 가면 사회관계망서비스(SNS)에 사진과 함께 글도 쓰고 싶잖 아요.

그런데 띄어쓰기가 발목을 잡곤 해요. 글쓰기 오류 중 띄어쓰기가 가장 많다는 조사 결과도 나와 있어요. 사실, 훈민정음을 살펴보면 띄어쓰기가 없어요. 그런데도 오래오래 이어진 걸 보면 소통하는 데 크게 불편하진 않았나 봐요. 1896년 4월 7일 자 독립신문 창간호 사설에선 띄어쓰기의 이유를 이렇게 밝혔어요. "구절을 띄어 쓰는 것은 알아보기 쉽도록 함이다."

120여 년이 흐른 지금, 띄어쓰기 때문에 머리에 쥐가 난다는 이가 많아요. 이야기를 들어보면 대부분 특별 대우를 받는 단어들 때문 이에요. "첫 만남, 첫 느낌과 달리 첫아이, 첫돌, 첫날, 첫눈, 첫사랑은 왜 붙여야 하나요?", "이번 주, 다음 주, 다음 달은 띄어 쓰는데 지난 주, 지난달, 지난해, 지난번은 왜 붙여 쓰나요?", "같은 자리인데 앞 좌석과 옆 좌석은 띄어 쓰고 뒷좌석은 붙이고, 부부간과 형제간은 붙이고 가족 간, 친구 간은 띄어 쓰고……. 이게 말이 됩니까?"

그러게 말입니다. 하나의 단어로 굳어지면 붙여 쓰고, 한 단어로 인정받지 못하면 띄어 써야 하니, 이걸 어쩌란 말인가요. 국어사전을 통째로 외울 수도 없고요.

어려운 문제는 또 있어요. 같은 모습인데도 어떨 때는 붙여 쓰고, 어떨 때는 띄어 쓰는 단어들 말이에요. '데'가 대표적입니다. "보고서를 쓰는 데 이틀이나 걸렸어." 이 문장 속 '데'는 '일'을 뜻하는 의존명사예요. 조사 '에'를 붙여도 자연스럽잖아요. '데'는 일 외에 '것, 곳, 장소, 상황' 등의 뜻도 나타내요. 의존명사인 '데'는 띄어 써야 해요. 문장 하나를 더 볼게요. "집에 오는데 갑자기 비가 내렸어." 이 문장 속 '데'는 어미 '-ㄴ데'로, 앞말에 붙여 써야 해요. '-ㄴ데, 는데, 은데' 등은 뒤에서 무엇을 설명하기 위해 관련된 상황을 미리 말할 때 쓸 수 있어요.

'밖에'에 대해서도 이야기해야겠네요. '밖에'가 '그것 이외에는', '그것 말고는'의 뜻으로 쓰였다면 보조사라서 앞말에 붙여 써야 해요. "졸부는 가진 게 돈밖에 없을걸?", "내가 사랑하는 사람은 너밖에 없어"처럼요. 그런데 공간의 외부라는 뜻일 땐 '밖'이라는 명사에 조사 '에'가 붙은 형태이므로 앞말과 띄어 써야 한답니다. 다음의 문장처럼요. "지구 밖에는 어떤 생명체가 살고 있을지 궁금해", "이 사실을 절대 입 밖에 내선 안 돼."

후유~ 편하자고 시작한 띄어쓰기가 되레 우리를 옥죄고 있네요. 띄어 써야 할지 붙여 써야 할지 헷갈리면 사전을 찾아보는 수밖에 없어요. 그런데 글을 쓸 때 항상 여유가 있는 건 아니잖아요. 우리, 마음을 좀 편안하게 갖자고요. 띄어쓰기 한두 개 틀리면 어때요. 소통이 잘되고 읽는 이의 마음을 따뜻하게 어루만져 주는 글이면 되죠.

{ 우표 붙은 편지를 부치다 }

‡ —— **달콤쌉쌀한 퀴즈** —— ‡

다음 중 맞는 표현은?

(1) 애티가 있어 어려 보이다

㉠ 앳되다 ㉡ 애띠다

(2) 콩을 털어 내고 남은 껍질

㉠ 콩깍지 ㉡ 콩깍지

✻

진심을 담아 쓴 편지를 읽으면 그 마음이 고스란히 느껴집니다. 그래서 나는 지인이 힘든 일을 겪을 때 손편지를 보냅니다. 휴대전화 문자 메시지에 비해 마음이 닿는 데 시간이 걸릴지라도 받는 이에겐 오래도록 위로가 될 수 있으니까요. 누군가와 오해가 생겼을 때도 편지는 단번에 해결해 줍니다. 진심을 읽는 순간 오해가 신뢰로 바뀌니까요. 그런데 혹시 일반 우표가 얼마인지 아시나요? 마지막으로 우표를 편지봉투에 붙인 건 언제인가요?

우표 수집광 친구와 오랜만에 밥을 먹었어요. 대학 시절, 이 친구를 위해 네댓 명이 우체국 근처 공원에서 밤을 새운 적이 몇 번 있어요. 온라인 예매 문화가 없던 때라 기념우표가 판매되는 날이면 우체국 앞에 대기줄이 수백 미터는 이어졌거든요. 밤새 워 기다렸다 우체국 문이 열리자마자 원하는 우표를 손에 쥔 친 구는 세상을 다 가진 표정을 짓곤 했어요.

"우표에서 얻은 지식이 학교에서 배운 것보다 더 많다." 우표 수집가로 유명한 프랭클린 루스벨트 전 미국 대통령의 말입니 다. 작은 우표 안에 그 나라의 역사, 인물, 자연, 사회, 문화 등 많 은 게 담겨 있기 때문일 거예요. 자신이 소아마비를 극복하는 데 우표 수집이 큰 힘이 됐다는 그의 말은 우표와 관련해 자주 인용 되죠. 러시아의 마지막 황제 니콜라이 2세 역시 우표 수집광으 로 유명합니다. 혁명으로 목숨이 위태로운 상황에도 우표첩을 챙겨 피신했을 정도예요.

우표는 편지봉투에 붙이고, 편지는 부쳐야 해요. '붙이다'와 '부치다'는 발음이 같아 잘 구분해 써야 합니다. '붙이다'는 '붙 다'의 사동사로 뭔가 두 개 이상을 가깝게 맞대 떨어지지 않게 한다는 뜻이에요. 편지봉투에 우표를 붙이고, 벽에 가구를 붙이 고, 촛불을 붙이고, 구실을 붙이고, 조건을 붙이고, 흥정을 붙이고, 별명을 붙이죠.

　다른 단어와 합해져 하나의 낱말이 된 경우에도, 맞닿아 떨어지지 않는 상황이라면 '-붙이다'가 바른 표현이에요. 밀어붙이고, 쏘아붙이고, 걷어붙이고, 몰아붙여요. 그러나 힘차게 대들기세로 벗는 '벗어부치다'는 몸에서 옷이 떨어지는 상황이니 밀착, 접착과는 관련이 없어요.

　'부치다'는 꽤 다양하게 쓰여요. 편지를 부치고, 표결에 부치고, 비밀에 부치고, 힘에 부쳐요. 또 논밭을 부치고, 빈대떡을 부치고, 경매에도 부칩니다.

　우표 붙은 편지를 받아본 지 오래됐어요. 지인들에게 우표 산 날을 물어보니 "아들이 군에 입대할 때"라는 답이 많네요. "아들의 편지를 받고 싶어 50장을 사서 보냈는데, 두 통 받곤 끝났다"며 아쉬워한 사람도 있어요. 우표보다 바코드 스티커에 익숙해진 요즘, 우편업무의 효율성은 높아졌을지언정 운치와 낭만은 사라졌어요. 참, 우표는 한 장에 기본 430원입니다.

편지에 어울리는 고운 우리말

옴살 매우 친밀하고 가까운 사이

뭇별 많은 별

달기둥 달이 물 위에 비칠 때 물결로 말미암아 길어진 달그림자

바잡다 마음이 자꾸 끌려 참기 어렵다

말말결 이런 말 저런 말 하는 사이

허우룩하다 마음이 텅 빈 것같이 허전하고 서운하다

[퀴즈 정답] (1) ㉠ 앳되다 (2) ㉡ 콩깍지

* '애띠다'는 '앳되다'의 충청도 사투리

{ 운동화 끈 매고 배낭 메고 }

‡ —— 달곰씁쌀한 퀴즈 —— ‡

다음 중 맞는 표현은?

(1) 비로 쓴 쓰레기를 받아 내는 기구

㉠ 쓰레받이 ㉡ 쓰레받기

(2) 담뱃재를 떨어 놓는 그릇

㉠ 재털이 ㉡ 재떨이

✻

"사랑과 예술은 서로를 파멸시키는 존재다."

자유로운 영혼의 대명사 이사도라 덩컨의 일대기를 그린 영화 《맨발의 이사도라》 속 대사입니다. 무대에서 토슈즈를 벗어던지듯 사랑과 예술을 위해 온몸을 던진 이사도라 덩컨. 그는 관습과 상식, 이 세상 그 어떤 것에도 속박당하지 않은 자유의 상징이었죠. 조각가 로댕, 시인 예세닌 등 당대의 이름난 예술가들과 숱한 염문을 뿌린 그의 삶은 마지막 순간까지도 드라마틱했습니다. 1927년 스포츠카를 타고 프랑스 니스 해안도로를 달리다 바퀴에 스카프 끝자락이 말려 들어가 죽음을 맞았죠.

달리는 차 안에서 스카프 때문에 죽을 수도 있다니, 조심해야겠어요. 그런데 안전벨트와 스카프는 '매야' 할까요, '메야' 할까요? 'ㅐ'와 'ㅔ'의 발음을 구분하는 게 쉽지 않아 '매다'와 '메다'를 혼동하는 이가 많아요. '매다'는 끈이나 줄 등의 두 끝을 풀어지지 않게 엇걸고 잡아당겨 마디를 만드는 것을 뜻합니다. 그러니까 스카프는 매야 해요. 한복 옷고름, 넥타이, 신발 끈도 마디가 있어야 하니 매는 거예요. 안전벨트는 어떨까요? '매다'에는 끈이나 줄로 어떤 물체를 가로걸거나 드리운다는 뜻도 있어요. 안전벨트는 몸에 가로걸어야 하니까 매는 게 맞네요.

'메다'는 물건을 어깨에 걸치거나 올려놓는 것을 뜻합니다. 책가방을 메고, 배낭을 멥니다. '메다'에는 또 어떤 책임을 지거나 임무를 맡는다는 뜻도 있어요. "선배가 총대를 메겠다고 나섰다", "젊은이는 나라의 장래를 메고 나아갈 사람이다"처럼 활용할 수 있습니다.

'둘러매다'와 '둘러메다'도 살펴볼게요. 허리나 머리 등에 띠를 둘러 감아 두 끝을 묶으면 '둘러매다'로, 쌀가마니 등을 번쩍 들어 올려 어깨에 걸치면 '둘러메다'로 구분해 쓰면 돼요. 아직도 헷갈린다고요? 그렇다면 '매다'는 묶는 것, '메다'는 걸치는 것으로 생각하세요. "넥타이는 매고, 가방은 메고!"

낭만이 넘치는 도로는 우리나라에도 많아요. 강원 고성과 삼척을 잇는 7번 국도는 갈 때마다 새로운 표정으로 반겨줍니다. 일상에 찌들고 지친 마음을 위로해주는 참 고마운 길이죠. 섬진강 물길과 대숲길은 시처럼 아름답게 흐르는 곳이에요. 키 큰 대숲길을 걷다 보면 서정적 감성이 절로 일어납니다. 날 좋은 날, 운동화 끈 잘 매고 작은 배낭 하나 메고 이 길을 걸어 보세요. 푸르른 자연이 좋은 벗이 되어 줄 거예요.

걸음 관련 재미있는 우리말(2)

깨금발(깨끼발) 한 발을 들고 한 발로만 서 있는 자세

까치발 발뒤꿈치를 든 발

* 깨금발, 깨끼발, 까치발은 모두 움직임 없는 정지 자세

깽깽이걸음 한 발은 들고 한 발로만 걸음

앙감질 한 발은 들고 한 발로만 뛰는 것

선걸음 이미 내디뎌 걷고 있는 그대로의 걸음. "손님 모시고 그 집 가르쳐 주고 오너라. 선걸음에 와야 한다."(박경리, 『토지』)

밭은걸음 급하게 걷는 걸음

종종(동동)걸음 발을 가까이 떼며 급히 걷는 걸음

왜죽걸음 팔을 홰홰 내저으며 경망스럽게 빨리 걷는 걸음

[퀴즈 정답] (1) ⓒ 쓰레받기 (2) ⓒ 재떨이

* '떨다'는 달려 있거나 붙어 있는 것을 쳐서 떼어 낸다는 뜻. 먼지를 떠는 도구도 '먼지떨이'가 바른 표기

{ '안주일절' 포장마차엔 가지 마세요 }

✽

"별이 쏟아지는 해변으로 가요. 젊음이 넘치는 해변으로 가요. 달콤한 사랑을 속삭여줘요. 연인들의 해변으로 가요. 사랑한다는 말은 안 해도. 나는 나는 행복에 묻힐 거예요."

1970년대 '한국의 비틀스'로 불리며 당대 최고의 밴드로 군림한 키보이스의 〈해변으로 가요〉입니다. 여름 휴가철이면 흥얼거리게 됩니다. 조용필의 〈여행을 떠나요〉, 미국 록밴드 비치보이스의 〈서핑 유에스에이〉 역시 듣기만 해도 마음속에 태양이 작열하고 파도가 손짓합니다. 휴가에 음악이 빠질 순 없죠. 오고 가는 길에도 음악은 필수잖아요.

　중·고등학교를 다니던 시절, 푸른 해수욕장은 꿈의 세계였어요. 석탄산업이 국가의 성장동력이었던 1980년대 강원도 태백 탄광촌엔 탄가루가 섞인 검은 하천만이 흘렀기 때문이에요. (지금은 '산소 도시'로 유명한 청정지역입니다.) 친구 집 마당 평상에 누워 푸른 바다, 보드라운 모래밭 이야기를 하면 친구들 눈이 반짝반짝 빛났어요.

　'삐삐'가 별명인 친구는 별났어요. 당시 인기 있던 미국 드라마 주인공 '삐삐'처럼 긴 양말을 신거나 머리를 양 갈래로 따진 않았지만 아름드리나무를 오르내리며 깔깔거렸어요. 다람쥐처럼 날쌨죠. 얼굴에 주근깨도 많았고요. 무엇보다 어른들하고도 의젓하게 이야기를 참 잘했어요.

　삐삐 하면 '말괄량이'가 떠오릅니다. 말괄량이는 여자아이한테만 쓸 수 있어요. "말이나 행동이 얌전하지 못하고 덜렁거리는 여자"로 표준국어대사전에 올라 있거든요. 부정적인 뜻이 담겨 있지만 나는 이 말을 좋아해요. 대부분의 말괄량이는 자신의 감정을 숨기지 않고, 하고 싶은 일은 반드시 해야 직성이 풀리는, 꽤 멋진 여자들이죠.

잠깐, 놀라지 마세요. 말이나 행동이 얌전하지 못하고 덜렁거리는 남자아이를 일컫는 우리말은 없어요. 남아선호사상이 강했던 시절, 우리 조상들은 남자아이들은 얌전하지 않고 덜렁거려도 잘못됐다고 생각하지 않았기 때문일 거예요. 굳이 말괄량이에 대응할 말을 찾는다면 개구쟁이, 장난꾸러기가 적당해요. 개구쟁이와 장난꾸러기는 남녀 구분이 없어요.

손맛 좋은 친구네 어머니는 여름 휴가철에만 삼척의 한 해수욕장 근처에 포장마차를 열었어요. 친구 이름을 딴 '○○포차'였어요. 서예반이었던 나는 포장마차가 세워지면 두꺼운 도화지에 안주들을 정성껏 써서 기둥에 붙였어요. 닭똥집, 닭발, 순대, 떡볶이, 두루치기, 돼지껍질……. 포장마차 안 정중앙에는 '안주一切'(이)라고 한자로 큼지막하게 써 걸었어요.

'안주一切'. 어떻게 읽을까요? 당시 '일체'냐 '일절'이냐를 놓고 술값 내기 하는 손님들도 있었어요. 一切은(는) '일체'로도, '일절'로도 읽히기 때문이에요. 그런데 뜻은 완전히 달라 때에 따라 잘 골라 써야 합니다.

일체는 '모든 것, 전부'라는 뜻이에요. 포장마차에 걸었던 '안주一切'는 안주는 주문만 하면 뭐든 다 된다는 뜻이므로 '안주일체'라고 읽어야 해요. 술이 종류별로 다 있다고 알릴 땐 '주류

일체'라고 써 붙이면 됩니다. 포장마차에서 만난 친구가 고민이 많다면 "오늘은 걱정일랑 일체 털어 버리고 술이나 즐겁게 마시자"라고 위로하는 것도 좋겠네요. 걱정은 전부 떨쳐 버리라는 뜻입니다.

일절은 '아주, 전혀, 절대로'의 뜻이에요. 무언가를 부정하거나 금지할 때 어울리는 말이죠. "나쁜 행동은 일절 해서는 안 된다", "관광객에게 호객행위를 일절 하지 않는다"처럼 활용할 수 있습니다. 그래도 헷갈린다면 '일절'은 부정문 앞에만 쓴다고 생각하세요.

휴가에 맛집 탐방을 하는 사람도 있고, 독서를 계획하는 사람도 있죠. 나는 멍 때리는 여행을 좋아해요. 무엇을 하든 휴가만큼 달콤한 시간이 또 있을까요? "한가로운 시간은 그 무엇과도 바꿀 수 없는 재산"(소크라테스)이자 "노동 뒤의 휴식은 가장 편안하고 순수한 기쁨"(칸트)이니까요.

이웃 관련 우리말

곁집 이웃해 붙어 있는 집

마실꾼 이웃에 놀러 다니는 사람

오래 한동네의 몇 집이 한 골목이나 한 이웃으로 되어 사는 구역 안.

"그들 집안과 우리는 어려서부터 한 오래에서 살았다."

도림 어떤 곳을 중심으로 하여 가까운 이웃

떡돌림 이웃에게 떡을 나누어 주는 일

건넌집 이웃해 있는 집들 가운데 한 집 또는 몇 집 건너서 있는 집

마실돌이 이웃으로 돌면서 노는 일

[퀴즈 정답] (1) ㉠ 늦깎이 (2) ㉡ 깜냥

{ 명절맞이 목욕재계 }

‡ ── **달콤쌉쌀한 퀴즈** ── ‡

다음 중 맞는 표현은?

(1) 우두커니 한곳만 바라보는 모양

㉠ 물끄러미 ㉡ 멀끄러미

(2) 그해에 새로 난 쌀

㉠ 해쌀 ㉡ 햅쌀

❋

우리 명절 추석은 중추절, 한가위라고도 합니다. 중추仲秋는 음력 8월로 가을의 한가운데를 뜻해요. 초추는 음력 7월, 종추는 음력 9월입니다. 추석의 우리말인 한가위는 '한+가위' 형태예요. 한은 '크다', '많다'를, 가위는 '가운데'를 뜻하니 한가위는 '8월의 한가운데에 있다'는 뜻이죠. 가배嘉俳, 가배일, 가윗날 등도 추석의 또 다른 이름입니다.

예전엔 명절 전날, 온 가족이 공중 목욕탕에 가서 때를 밀었어요. 다른 집들도 그랬는데, 깨끗한 몸으로 조상을 모시려는 (다 같은) 이유였어요. 바로 명절맞이 목욕재계沐浴齋戒입니다. 우리 조상들은 제사 등 신성한 일을 할 때면 부정이 타지 않도록 몸을 깨끗이 하고 마음을 가다듬었습니다. 된장·고추장 담그는 날은 물론 술을 빚을 때도 몸을 깨끗이 한 후 새벽에 샘에 가서 가장 맑은 물을 떠다 썼어요. 이 모든 행동을 뜻하는 말이 바로 목욕재계입니다.

그런데 목욕재계를 '목욕재개', '목욕제계' 등으로 잘못 알고 쓰는 이가 많습니다. '목욕재계' 풍속이 사라진 탓이 클 거예요. 삶의 순간순간에 정성을 기울이는 노력이 줄어든 것 같아 아쉽습니다.

'잿밥'과 '젯밥'도 많은 이가 헷갈려 하는 말입니다. "염불에는 마음이 없고 잿밥에만 마음이 있다"와 "제사보다 젯밥에 정신이 있다" 두 속담만 생각한다면 구분하는 데 그리 어렵지 않을 거예요. 둘 다 정작 해야 할 일에는 정성을 쏟지 않고 자기의 잇속에만 매달린다는 뜻으로 쓰입니다. 잿밥의 '재齋'는 불교에서 죽은 이의 명복을 비는 법회예요. 따라서 잿밥은 불공을 드릴 때 부처 앞에 놓는 밥이에요. 이와 달리 젯밥은 '제祭+밥'의 형태로 제삿밥을 말해요. '염불에는 잿밥, 제사에는 젯밥', 이렇게 정리하면 쉽게 구별할 수 있습니다.

서늘한 바람은 여름내 무더위로 지친 마음을 어루만져 줍니다. 편안한 마음에 미소 짓다 보면 추석이 눈앞입니다. 가장 크고 환한 달이 떠오르는 날. 가족과 둥근상에 모여 앉아 맛있는 송편 먹으며 두런두런 이야기하세요. 행복에도 포동포동 살이 오를 거예요.

추석 관련 우리말

한가위 추석의 우리말

저냐 고기나 생선 따위에 밀가루를 묻히고 달걀 푼 것을 씌워 기름에 지진 음식

쇠다 명절, 생일, 기념일 같은 날을 맞이하여 지내다

해- '그해에 난'의 뜻을 더하는 접두사. 해팥, 해쑥, 해콩처럼 뒤에 된소리와 거센소리가 옴

햇- '그해에 난'의 뜻을 더하는 접두사. 햇감자, 햇곡식, 햇양파처럼 뒤에 예사소리가 옴

[퀴즈 정답] (1) ㉠ 물끄러미 (2) ㉡ 햅쌀

* 햅쌀은 '해'와 '쌀'이 결합한 말이지만 '해쌀'로 적지 않고 '햅쌀'로 적는다. 두 말이 어울릴 때 'ㅂ', 'ㅎ' 소리가 덧나는 것은 소리대로 적는다는 규정을 따름

{ 얻다 대고 반말지거리야! }

‡ ── **달곰쌉쌀한 퀴즈** ── ‡

다음 중 맞는 표현은?

(1) 놀라거나 두려워서 눈이 크고 둥그렇게 되다

㉠ 휘둥그레지다 ㉡ 휘둥그래지다

(2) 어떤 일이나 모임을 끝낸 뒤에 서로 모여 여흥을 즐김

㉠ 뒷풀이 ㉡ 뒤풀이

✳

몇 년 전 재미있게 봤던 드라마 《김과장》을 다시 보고 있어요. 매회 통쾌한 장면이 나와 깔깔깔 웃게 됩니다. 드라마의 배경은 TQ그룹. 부도덕한 기업인이 할 만한 못된 행동으로 이야기가 펼쳐집니다. 회계 조작과 은폐, 계열사 자금 횡령, 장기 근속직원의 '면벽面壁 대기발령', 노조 집회에 깡패 투입, 회장 아들의 사비를 업무비로 처리……. 속 터지는 장면의 연속인데, 왜 웃냐고요? 이런 일이 생길 때마다 주인공 김성룡 과장의 돌직구 발언이 통쾌함을 선사하거든요. 김 과장은 내가 좋아하는 배우 남궁민

이 맡았어요. 남궁민의 목소리와 몸짓을 떠올리며 읽어 보세요.

"경리부가 호구야? 너 현금자동지급기냐고? 아버지가 회장이면 개념을 지하주차장에 놓고 와도 돼?"(경리부에 와서 갑질하는 회장 아들을 꾸짖으며)

"착석해. 바른 말 고운 말 나갈 때! 넌 젊은 놈이 할 짓이 없어서 돈 받고 사람이나 해코지해? 닥치고 내 말 경청!"(TQ그룹의 사주를 받아 내부고발자를 죽이려고 했던 음주운전자에게 독설을 날리며)

"근데요. 얻다 대고 자꾸 반말지거리야. 이 새끼야!"(경리부에 와서 난동 부리는 회장 아들의 팔을 꺾으며)

속을 뻥 뚫어주는 대사 가운데 많은 이가 틀리는 단어가 있습니다. 바로 '얻다 대고'와 '반말지거리'예요. **얻다 대고**는 '어따대고', '엇다대고'로 잘못 표기하는 이를 쉽게 볼 수 있어요. 대부분 소리 나는 대로 쓴 오류로 여겨집니다. '얻다'는 '어디에다'의 준말이에요. "휴대폰을 얻다 두고 그렇게 찾니?"처럼 쓸 수 있어요.

그런데 '얻다'에 '대고'를 붙이면 다소 점잖지 않은 말로, 상대를 공격하는 상황이 됩니다. 상대방의 적절치 못한 말이나 행동에 시비하는 태도로 말할 때 어울리거든요. '얻다 대고'는 한 단어가 아니니까 띄어 써야 해요.

'얻다'와 발음이 비슷한 '어따'는 뭔가 못마땅해서 빈정거릴 때 내는 감탄사예요. "어따, 잔소리 좀 그만해", "어따, 별걱정을 다 하고 있네"처럼 활용할 수 있어요.

반말지거리는 단어의 구조를 잘못 알고 있는 이가 많아요. '반말짓'에 '-거리'가 붙은 '반말짓거리'로 말이에요. 센 어감 때문인지 말하는 이들에겐 자신감도 넘쳐납니다. 하지만 '반말 짓'이라는 우리말은 없어요. 반말하는 짓을 뜻하는 단어는 '반말질'입니다. '-질'은 노름질, 주먹질, 갑질, 싸움질 등 좋지 않은 행위에 비하하는 뜻을 더해요.

반말지거리의 바른 구조는 '반말+지거리'예요. '지거리'는 명사 뒤에 붙어서 점잖지 않거나 시답지 않게 여기는 뜻을 나타냅니다. 농지거리, 욕지거리, 허텅지거리처럼요.

드라마 《김과장》엔 써먹고 싶은 대사가 많아요. 경리부 직원이 회계부 직원에게 날린 대사도 그중 하나입니다. "이 월요일 아침 같은 기집애야!" 직장인 대부분은 월요일 아침을 '지옥'으로 표현할 정도로 싫어하잖아요. 마음에 들지 않는 사람이 있다면 속으로 이렇게 말하며 웃어 볼까요?

"월요일 아침 같은 ○○○!"

눈 뜨는 모습을 표현한 우리말

지릅뜨다 눈을 크게 부릅뜨다

흡뜨다 눈알을 위로 굴리고 눈시울을 위로 치뜨다

거들뜨다 눈을 위로 크게 치켜뜨다

부라리다 눈을 크게 뜨고 눈망울을 사납게 굴리다

올부라리다 눈망울을 우악스럽게 굴리며 무섭게 치뜨다

짓부릅뜨다 몹시 부릅뜨다

[퀴즈 정답] (1) ㉠ 휘둥그레지다 (2) ㉡ 뒤풀이

* 된소리, 거센소리 앞에서는 사이시옷을 쓰지 않으므로 '뒷풀이'가 아닌 '뒤풀이'가 바른 표기

{ 말이 소리가 될 때 }

‡ ── **달곰쌉쌀한 퀴즈** ── ‡

다음 중 맞는 표현은?

(1) 날, 세월 따위가 매우 오래다

㉠ 허구헌 ㉡ 허구한

(2) 반대쪽으로 틀다

㉠ 배틀다 ㉡ 되틀다

✳

말은 중심을 잃으면 '소리'가 됩니다. 그런 까닭에 소리가 붙은 우리말은 대부분 쓸데없는 말이에요. 군소리, 헛소리, 개소리, 허튼소리, 허드렛소리, 오만소리, 갖은소리……. 갖은소리는 아무것도 없으면서 다 갖춘 듯 뻐기며 하는, 거품 가득한 말이에요.

달콤한 말로 남의 비위를 맞춰 살살 달래는 입에 발린 소리도 있어요. 속으로는 좋지 않으면서 겉으로만 좋은 척, 듣기 좋은 말을 할 때 어울려요. '발린'은 소리가 입에만 발려 있을 뿐 마음에는 없다는 뜻이에요. 사탕발림, 입발림과 같은 말입니다.

　입바른 소리는 거침없이 남의 잘못이나 시비를 따지는 말이에요. 적당히 한다면 정의롭게 보일 수 있어요. 그런데 사사건건 남의 잘못을 따진다면 미움을 받을지도 몰라요. "바른말 하는 사람 귀염 못 받는다"라는 속담이 괜히 나온 게 아닐 거예요.

　소리가 붙은 말에는 '흰소리'와 '신소리'도 있습니다. 언중이 헷갈려 하는 대표적인 두 소리예요. 흰소리는 부정적 의미가 강해요. 터무니없이 자랑으로 떠벌리거나 허풍을 떠는 말입니다. 잘난 체하며 버릇없게 하는 말도 흰소리예요. 허황된 말인 헛소리와 뜻이 통해요. 경기도와 충청도 지역에 가면 흰소리를 '쉰소리'라고 말하는 이가 많아요. 형님을 '성님', 힘을 '심'이라고 발음하는 것과 같은 이유예요. 'ㅎ'을 'ㅅ'으로 소리 내는 지방 특유의 사투리입니다.

　신소리는 좋은 의미가 담겨 있어요. 상대방의 말을 슬쩍 받아 엉뚱한 말로 재치 있게 넘기는 말이거든요. 그런데 "내가 밑천을 아는데 신소리 말라고. 애아범? 사모나 한번 써보고 하는 말이야?"(박경리,『토지』)처럼 신소리를 흰소리의 뜻으로 쓰는 경우가 꽤 있어요. 문학작품은 그렇다 치더라도 현실에선 구분해 써야 해요. 신소리는 쓸데없는 말이나 터무니없는 말이 아니라 '재치'를 발휘하는 엉뚱한 말입니다.

　말이 쌓여 인격이 됩니다. 요란하고 잘못된 말은 쓰지 않도록 늘 마음 써야 해요. "말은 할수록 거칠어지고, 가루는 칠수록 고와진다." 우리 속담 속 가르침이 크게 와닿습니다.

말 관련 우리말

말전주 이 사람에게는 저 사람 말을, 저 사람에게는 이 사람 말을 좋지 않게 전하여 이간질하는 짓

겉말 마음으로는 그렇지 않으면서 겉으로만 꾸미는 말

겹씨 합성어를 뜻하는 우리말

말갈망 자기가 한 말의 뒷수습

말빚 말로 남에게 진 빚

말질 이러니저러니 하고 말로 다투거나 쓸데없이 말을 옮기는 일

[퀴즈 정답] (1) ⓒ 허구한 (2) ⓒ 되틀다

* '배틀다'는 바싹 꼬면서 튼다는 뜻

{ 막말 파문의 끝은 }

‡ —— **달곰쌉쌀한 퀴즈** —— ‡

다음 중 맞는 표현은?

(1) '심술'을 속되게 이르는 말

㉠ 심술머리　㉡ 심술딱지

(2) 정도가 지나쳐 놀랍게

㉠ 끔찍히　㉡ 끔찍이

✱

"험담은 살인보다 위험하다. 살인은 한 사람만 죽이지만 험담은 세 사람을 죽인다. 퍼뜨린 사람, 듣는 사람, 험담의 대상이 된 사람이 그것이다."

『탈무드』의 가르침처럼 말은 참 무서워요. 누군가가 미워서 작정하고 한 말이든, 그저 생각 없이 내뱉은 말이든, 그 말로 인해 일어날 일은 아무도 알 수가 없어요.

중국 동진의 9대 왕 사마요 이야기를 해야겠어요. 술과 여자에 빠져 살던 그는 애첩 손에 죽었어요. 술김에 내뱉은 말 한마디 때문이에요. "당신도 이제 늙었군. 진작에 내칠걸." 중국 역대 왕 중 가장 어이없는 죽음일 거예요. "우리 아이는 왕의 DNA", "민중은 개돼지" 등 우리나라 공무원들이 했던, 말 같지도 않은 말이 문득 떠오르네요. 파문이 클 수밖에 없는 막말들이었죠.

함부로 내뱉은 말의 파문은 상상 그 이상이에요. 파문과 파장. 글깨나 쓴다는 이들도 헷갈려 하는 말입니다. 표준국어대사전은 파문은 "어떤 일이 다른 데에 미치는 영향"으로, 파장은 "충격적인 일이 끼치는 영향 또는 그 영향이 미치는 정도나 동안을 비유적으로 이르는 말"로 설명해요. 사전상으로는 거의 같은 의미죠. 그런데 파문과 파장은 뜻이 다르므로 잘 구분해 써야 합니다.

파문波紋은 수면에 이는 물결의 모양이에요. 잔잔한 호수나 강, 바다에 돌멩이를 던지면 수면 위에 물결이 동심원을 그리며 퍼져 나가는데, 이때의 무늬를 뜻해요. 파문은 저절로 생기는 게 아니라 바람, 비, 물고기 움직임 등 외부 원인으로 만들어집니다. 평화롭던 일상에 사건이 터지면 사회가 술렁이잖아요. 이 같은 상황을 잔잔한 수면에 물결이 이는 것에 빗대 "파문을 일으켰다", "파문이 일었다" 등으로 표현해요.

파장波長은 물결이 만드는 마루와 마루, 혹은 골과 골 사이의 거리예요. 한마디로 파장은 파문의 길이랍니다. 파문이 크면 파장은 길어져요. 순서상 파문이 일고 나서 파장이 생깁니다. 따라서 파문이 일기도 전에 "파장이 일어났다"는 표현은 이치상 맞지 않아요.

아직도 구분하기 어렵다면 이것만 기억하세요. 파문은 '(불러) 일으키다', '휩싸이다' 등의 서술어와, 파장은 '긴', '짧은' 같은 수식어와 어울려요.

말言과 말馬, 어느 쪽이 더 빠를까요? 공자는 "사불급설駟不及舌"이라고 했어요. 말 네 마리가 끄는 수레의 속도도 혀에 미치지 못한다는 뜻이에요. 지금으로 치면 스포츠카보다도 말이 빠르다는 얘기죠. 특히 "너한테만 하는 얘긴데……"의 속도는 상상을 초월할 거예요.

말하는 태도 관련 우리말

새살거리다 샐샐 웃으면서 재미있게 자꾸 지껄이다

캘캘거리다 웃음을 억지로 참으면서 입속으로 조금 새되게 웃는 소리를 자꾸 내다

깨죽거리다 불평스럽게 자꾸 종알거리다

재잘거리다 낮고 빠른 목소리로 자꾸 재깔이다

우물거리다 말이나 행동을 시원스럽게 하지 않고 입안에서 중얼거리다

중얼거리다 남이 알아듣지 못할 정도의 작고 낮은 목소리로 혼잣말을 자꾸 하다

[퀴즈 정답] (1) ⓒ 심술딱지 (2) ⓒ 끔찍이
* '심술머리'를 쓰는 경우도 있으나 '심술딱지'만 표준어임

{ 갓생 살기로 이생망 탈출 }

✻

'갓생 살기' 열풍이 대단합니다. 엠지세대(MZ세대: 1980년대 초~2000년대 초 출생)에서 불기 시작한 건강한 바람인데, 청소년과 노인 세대로까지 빠르게 퍼졌어요. '이생망(이번 생은 망했어)'이 노력해도 운명을 바꿀 수 없다는 절망감이라면 갓생은 그 반대의 정서입니다.

갓생은 갓(God·신)과 인생人生을 조합한 신조어예요. 한마디로 매일매일 계획한 대로 열심히 살아가는 삶을 뜻해요. 그러니까 '갓생 살기'는 특정한 목표를 세운 뒤, 그것을 성취하기 위해 최선을 다해 일상을 살아가는 거예요. '소확성(소소하지만 확실한 성취)'을 추구하는 삶으로 볼 수 있어요. 그러고 보니 이생망의 반대말이 갓생 살기네요.

질문 하나 할게요. 자신의 능력을 끌어올리는 일은 '자기계발'과 '자기개발' 중 어느 것이 맞을까요? 결론부터 말하면 둘 다 맞아요. '개발開發'과 '계발啓發'은 '상태를 개선해 나간다'는 점에서 비슷한 말이에요. 하지만 뜻을 좀 더 깊숙이 파고 들어가면 차이가 있으니 구별해 써야 합니다.

계발은 인간 내면에 '잠재된' 슬기, 재능, 사상 등을 일깨워 밖으로 드러나게 해요. 상상력을 계발하고, 소질을 계발하고, 외국어 능력을 계발합니다. 개발은 계발보다 훨씬 더 폭넓게 쓸 수 있어요. 우선 지식이나 재능 등을 학습해 발달시키는 것을 뜻해요. 새로운 물건을 만들거나 새로운 생각을 내놓을 때도 어울립니다. 신제품을 개발하고 프로그램도 개발해요. '자원 개발', '유전 개발'과 같이 토지나 천연자원 등을 유용하게 만들거나, 산업·경제 등을 발전하게 하는 일에도 개발을 쓸 수 있어요.

한마디로 계발은 인간의 잠재된 능력만이 대상이 되지만, 개발은 인간의 지식, 재능은 물론 토지·삼림·천연자원, 경제·산업·기술 등 대상 범위가 넓어요. 따라서 자신이 지닌 능력을 더 발달시

키는 일은 **자기개발**이고, 잠재된 능력을 *끄*집어내 일깨우는 것
은 **자기계발**입니다.

개발, 계발과 관련해 가장 많이 보이는 오류는 물리적으로 이
뤄내는 일에 '계발'을 쓰는 거예요. '신제품 계발', '남해상의 유
전 계발', '3기 신도시 계발' 등은 인간의 지적 능력이 아니잖아
요. 그러니까 모두 '개발'로 써야 해요.

갓생 살기의 대표적인 사례가 바로 '미러클 모닝'입니다. 이른
아침에 일어나 자기계발을 하는 습관이죠. 독서, 산책, 그림 그
리기, 영어 공부, 요가 등 할 수 있는 게 참 많아요. 자신을 위해
쓰는 시간만큼 소중한 게 또 있을까요?

사람의 능력 관련 우리말

눈썰미 한두 번 보고 곧 그대로 해내는 재주

슬기주머니 남다른 재능을 지닌 사람을 비유적으로 이르는 말

깜냥 스스로 일을 헤아림. 또는 헤아릴 수 있는 능력

책상물림 책상 앞에 앉아 글공부만 하여 세상일을 잘 모르는 사람을 낮잡아 이르는 말

손방 아주 할 줄 모르는 솜씨. "세상 이치는 모를 것이 없지만 실제에 있어서는 매사에 아주 손방이다."

글구멍 글을 잘 이해하는 지혜. "책과 가까이한 지 3년 만에 드디어 글구멍이 트였다."

[퀴즈 정답] (1) ㉠ 염두에 (2) ㉡ 훼사

* '염두'는 생각의 시초, 마음속을 의미하는 말. 주로 '염두에 두다'라는 표현으로 쓰임

{ 상아탑도 헷갈리는 '율'과 '률' }

✽

이력서에는 많은 내용이 담겨 있어요. 사진뿐만 아니라 나이, 성별, 주소, 경력이 기록돼 있습니다. 지금 생각하면 큰일 날 일이지만, 예전 이력서에는 본적, 결혼 여부, 가족 관계를 적는 난도 있었어요.

미국은 우리와 완전 딴판입니다. 얼굴 사진을 넣기는커녕 성별, 출신 학교, 고향 등도 적지 않아요. 인종차별, 성차별, 학연, 지연을 배제하기 위해서죠. 종교 역시 차별의 오해를 살 수 있어 쓰지 않습니다.

"면접에선 처음 만나는 5초에, 이력서는 앞의 다섯 줄에 당락이 갈린다"는 말이 있어요. 실력이 뛰어난 사람이라도 자신을 짧은 시간에 분명하게 표현하지 못한다면 가치를 인정받을 수 없다는 뜻일 거예요. 어려워도 너무 어렵네요. 다행스럽게도 최근 우리나라도 변하고 있습니다. 사원을 채용할 때 탈脫스펙을 내세우는 기업이 늘어나고 있어요. 성별, 학력, 가족 관계, 경력 등을 보지 않고 자기소개서 혹은 에세이, 전공과목 이수 기록만을 살펴 평가합니다. 물론 입사지원서에서 사진란도 없앴어요.

취업준비생들은 또 다른 고민에 빠졌어요. 스펙의 굴레에선 벗어났지만 자기소개서나 에세이 때문에 머리가 터질 지경이라네요. 가치관, 창의성, 특기, 포부, 대인관계 등을 잘 담아내 인사 담당자를 감동시켜야 하는데, 그게 말처럼 쉽지가 않잖아요. 다른 사람의 멋진 어록이나 격언을 인용해 열정적으로 쓰다 보면 '자소설(자기소개서 + 소설)'이 되기 일쑤죠.

취업이 힘든 만큼 대학들은 졸업생 취업에 적극 나서기도 합니다. 졸업식 즈음 대학 교정엔 "취업율 95%", "공기업 합격률 최고 대학"이라고 쓰인 현수막이 여기저기 내걸립니다. '취업율'과 '합격률' 중 잘못 표기된 단어는 무엇일까요? 맞아요. 취업율은 취업률로 써야 해요.

148

‘율’과 ‘률’은 단순한 규칙 한 가지만 알면 쉽게 구분해 쓸 수 있어요. “모음이나 ‘ㄴ’ 받침 뒤에서는 ‘-율’로, ‘ㄴ’을 제외한 모든 받침 뒤에서는 ‘-률’로 적는다.” 정말 쉽죠?

이자율, 감소율, 점유율, 실패율 등은 받침이 없는, 즉 모음 다음에 ‘율’이 온 말이에요. 이들 단어의 경우 발음도 자연스럽게 ‘율’로 나니 잘못 쓸 일이 없어요. ‘ㄴ’ 받침 뒤에 ‘율’이 오는 말로는 백분율, 생존율, 혼인율, 이혼율, 할인율, 불문율, 개선율, 환율, 운율, 선율, 전율 등이 있어요. ‘ㄴ’을 제외한 모든 받침 다음에는 ‘률’로 표기하면 됩니다. 경쟁률, 시청률, 합격률, 입학률, 실업률, 취업률처럼요.

이 규칙은 ‘열’과 ‘렬’에도 적용됩니다. 나열, 파열, 분열, 선열과 같이 받침이 없거나 ‘ㄴ’ 받침 뒤에서는 ‘-열’로 쓰고, 그밖의 모든 받침 다음에는 직렬, 결렬, 장렬, 행렬처럼 ‘-렬’로 쓸 수 있어요.

2분 4초. 기업의 인사담당자가 구직자의 입사지원서를 검토하는 데 드는 평균 시간이라고 합니다. 산더미처럼 쌓인 서류를 보려면 시간에 쫓길 수밖에 없을 터. 그래도 인재들은 많은 서류 속에서도 반짝반짝 빛을 발할 거예요.

사람을 표현하는 우리말

새내기 대학이나 직장 등에 새로 갓 들어온 사람

풋내기 경험이 없어서 일에 서투른 사람. 또는 새로운 사람

신출내기 어떤 일에 처음 나서서 일이 서투른 사람

뜨내기 일정한 거처가 없이 떠돌아다니는 사람

늦깎이 나이가 많이 들어서 어떤 일을 시작한 사람

여간내기 만만하게 여길 만큼 평범한 사람

[퀴즈 정답] (1) ㉠ 하마터면 (2) ㉡ 알짬
* '전짬'은 다른 것이 섞이지 않은, 순수하고 진한 것

{ 발자욱도 표준어가 될까요 }

‡ ── **달곰쌉쌀한 퀴즈** ── ‡

다음 중 맞는 표현은?

(1) 객지에 가서 머물러 있음

㉠ 체류 ㉡ 채류

(2) 귀밑에서 턱까지 잇따라 난 수염

㉠ 구렛나루 ㉡ 구레나룻

✱

"걷는다는 것은 자신을 세계로 열어놓는 것이다. 발로, 다리로, 몸으로 걸으면서 인간은 자신의 실존에 대한 행복한 감정을 되찾는다." ─다비드 르 브르통, 『걷기예찬』

나는 걷기에 자신 있어요. 매일 만 보 이상 걷고 있거든요. 머릿속이 복잡할 땐 좀 더 오래 걷습니다. 그러면 몸도 머릿속도 가벼워져 편안하게 나를 돌아볼 수 있어요. 걷다 보면 꼬일 대로 꼬인 마음도 풀어지니 걷기는 마법 같은 운동이에요. 운동화만

151

신으면 언제든지 할 수 있으니 참 착한 운동이기도 해요.

사상가이자 시인 헨리 데이비드 소로는 "내 다리가 움직이기 시작하면 내 생각도 흐르기 시작한다"고 말했습니다. 정치철학자 토머스 홉스는 손잡이에 펜과 잉크병을 넣을 수 있는 산책용 지팡이를 제작했어요. 걷다가 문득 떠오른 생각을 곧바로 적기 위해서였죠. 매일 같은 시간에 산책하는 칸트를 보고 동네 사람들이 고장 난 시계를 맞췄다는 일화도 유명해요.

나는 눈길 걷는 것을 좋아합니다. 특히, 밤새 눈 내린 다음 날 새벽 걷기는 무척 낭만적입니다. 나보다 앞서 걸은 이의 발자국을 밟으며 따라 걷는 재미는 덤이죠. 종종 '발자국 소리'라는 표현을 보는데요, 발자국은 발로 밟은 자리에 남은 모양입니다. 그러니 발자국은 눈에 보일 뿐 소리가 나진 않아요. 발자국 소리는 애초부터 없는 표현입니다. 걸을 때 나는 소리는 발소리, 혹은 발걸음 소리예요.

문학작품과 노랫말에 등장하는 '발자욱'도 우리를 헷갈리게 합니다. 윤동주의 시 「눈 오는 지도」에는 "눈이 녹으면 남은 발자욱 자리마다 꽃이 피리니"라는 구절이 있어요. 가수 마야가 아버지와의 애틋한 사연을 담아 노래한 곡의 제목도 〈발자욱〉이에요. **발자욱**은 시적 허용의 대표적 사례로, 일상에서는 바르지 않은 말입니다.

발자욱도 표준어에 오를 수 있을까요? 세를 확장해 일상에서도 많이 쓰인다면 표준어가 될 수도 있어요. 내음(냄새), 잎새(잎사귀), 나래(날개)가 문학 세계의 문을 열고 나와 이미 표준어에 오른 것처럼요.

일식日蝕을 정확히 예측해낸 고대 철학자 탈레스가 웃음거리가 된 적이 있어요. 하늘만 보고 걷다가 우물에 빠진 날이에요. 이처럼 걷기는 자세가 중요해요. 어깨와 가슴을 펴고 턱은 살짝 당긴 상태로 10~15미터 앞을 보면서 힘차게 걸어 보세요.

고운 우리말 눈 이름

포슬눈 가늘고 성기게 내리는 눈

자국눈 겨우 발자국이 날 만큼 적게 내린 눈

도둑눈 밤사이에 사람들이 모르게 내린 눈

숫눈 눈이 와서 쌓인 상태 그대로의 깨끗한 눈

함박눈 굵고 탐스럽게 내리는 눈

가랑눈 조금씩 잘게 내리는 눈

[퀴즈 정답] (1) ㉠ 체류 (2) ㉡ 구레나룻

* '채류'는 채소나 나물 따위의 부류

{ 오늘 한잔 어때? }

✱

　살면서 마음이 통해 서로를 알아주는 벗을 만나는 것보다 더 기쁜 일이 있을까요? 난초처럼 향기로운 사귐인 지란지교芝蘭之交, 맑은 물처럼 담박한 친구인 담수지교淡水之交, 목숨을 나눌 만큼의 사이인 문경지교刎頸之交……. 나이가 들수록 참된 우정을 뜻하는 말들이 소중하게 다가옵니다.

　한 해의 끄트머리에 서서 지난날을 돌아보면 참으로 귀한 인연들이 머릿속에 그려지죠. 지혜롭고 마음 따뜻한 분들과 우정을 나눌 수 있다면 더없이 뜻깊은 해가 됩니다. 나이를 잊은 망년지교忘年之交, 망년지우忘年之友는 너무나도 고상한 우정이죠. 벗들과 한 해의 희로애락을 나누는 데 술이 빠질 순 없는 법. 이래저래 연말이면 술잔 부딪칠 일이 많습니다.

송년회는 묵은해를 보내고 새해를 맞이한다는 송구영신에서 온 말이에요. 지난날들을 돌아보며 조용하게 보내는 '수세守歲'의 개념이죠. 한때 송년회 대신 '망년회忘年會'라는 말이 유행한 적이 있었습니다. 망년회는 말 그대로 한 해를 잊는 모임으로, 연말에 친구 혹은 친지들과 술을 마시며 떠들썩하게 보내는 일본의 세시풍습이에요. 그저 먹고 마시며 한 해를 잊어버린다는 건 우리 정서와 맞지 않아요. 그런 까닭에 일본어 잔재인 '망년회'가 사라져 다행입니다.

"오늘 한잔 어때?" 세밑 벗의 제안은 뿌리칠 수가 없죠. 그런데 '술 한잔하자'는 말은 잘 이해해야 합니다. 두 잔, 석 잔, 넉 잔⋯⋯이 아닌 딱 '한 잔'만 마시자는 뜻으로 생각해선 안 됩니다. 우리말에서 붙여 쓰는 '한잔'은 잔을 세는 의미가 아니라 '간단하게 한 차례 마시는 술'을 뜻하거든요. 술 잘 마시는 사람과 한잔할 땐 수십 잔이 될 수도 있어요.

물론 딱 한 잔도 잔 나름입니다. 요즘 유행하는 다모토리 한 잔은 소주 한 병이 다 들어가니 "헉" 소리가 절로 나옵니다. 다모토리는 소주를 큰 잔으로 파는 선술집인데, 큰 잔으로 파는 소주를 뜻하기도 해요. 예쁜 우리말이지만 표준국어대사전엔 오르지 못했어요.

'한번'도 '한잔'만큼이나 어려운 말입니다. 붙여 쓰는 '한번'은 표준국어대사전에 올라 있지만, 띄어 쓰는 '한 번'은 없어요. '한'과 '번'이 각각의 단어이기 때문입니다. 한 번은 두 번, 세 번, 네 번처럼 수량을 뜻합니다. 그런데 붙여 쓰는 한번은 "한번(시도) 먹어 봐", "인심 한번(강조) 고약하다", "낚시나 한번(기회) 갑시다" 등과 같이 쓰임에 따라 의미가 달라져요.

톨스토이는 "한 해의 마지막에 가서 그해의 처음보다 더 나아진 자신을 발견하는 것이 인생의 가장 큰 행복"이라고 했어요. 아주 작은 발전이라도 했다면 당신은 행복한 사람입니다.

술 관련 재미있는 우리말

볏술 가을에 벼로 갚기로 하고 외상으로 마시는 술. "가을에 곡식이 나면 갚아 주겠다고 볏술에 매일 장취로 흥얼거리는 소갈머리 없는 위인이었다."(문순태, 『타오르는 강』)

풋술 맛도 모르면서 마시는 술

소나기술 보통 때에는 마시지 않다가 입에만 대면 한정 없이 많이 마시는 술

강술 안주 없이 마시는 술

소줏불 소주를 너무 많이 마셔 코와 입에서 나오는 독한 술기운

억병 한량없이 많은 술. 또는 그만한 술을 마신 상태나 그만한 주량. "그 여자는 고개와 팔을 아래로 툭 떨어뜨렸다. 정말 억병으로 마신 듯했다."(황석영, 『몰개월의 새』)

[퀴즈 정답] (1) ⓒ 다달이 (2) ㉠ 워낙

‡ 사이시옷, 넣든 빼든 통일만 해요 ‡

"선배, 사괏값과 뱃값, 목에 가시가 걸린 것처럼 불편해요. 사이시옷 빼면 안 될까요?"

취재기자와 편집기자는 물론 사진기자까지 고개를 갸웃대며 찾아와 하는 질문입니다. 사이시옷. 교열기자들도 괴로워하는 문제예요. 사괏값과 뱃값. 문법적으론 맞는 표기인데 너무나도 낯설어 보입니다. 그렇다고 '사과값', '배값'으로 쓰자니 양심에 찔리고 찜찜합니다. 그런 까닭에 '사과 가격', '배 가격'으로 넌지시 피해 가는 매체가 많아요.

사괏값, 뱃값뿐만 아니라 채솟값, 자잿값, 원윳값 등은 표준국어대사전에 표제어로 올라 있지 않아요. 한글맞춤법대로 쓰다 보니 생긴 문제예요. 고유어 명사가 합쳐져 새 단어가 될 때, 발음이 달라지면 사이시옷을 넣는다는 규정 때문이죠. 대표적인 게 '-값'이에요. 값은 일부 명사 뒤에 붙어 가격, 대금, 비용의 뜻을 나타내는 말이잖아요. 그런데 값이 된소리 [깝]으로 발음되면 사이시옷을 넣어야 해요.

순댓국, 북엇국, 만둣국 등도 마찬가지예요. 국이 붙는 합성어에는 웬만하면 사이시옷을 받쳐 적어야 해요. 그런데 이 느닷없는 사이시옷이 불편하기 짝이 없습니다.

한자어는 발음과 상관없이 사이시옷을 쓰지 않아요. 화병火病, 대가
代價, 개수個數로 쓰잖아요. 그런데 곳간庫間, 셋방貰房, 숫자數字, 찻간
車間, 툇간退間, 횟수回數, 이 여섯 단어는 사이시옷을 인정했어요. 특
별한 대우를 한 거죠. 몇 개 안 되니까 이것만큼은 외우는 게 좋겠
어요.

이랬다저랬다, 사이시옷 때문에 머리가 많이 아프시죠? 언론사 어
문(교열)부장 모임에서도 사이시옷에 대해 이야기한 적이 있어요.
대부분 국어사전에 오른 것만 쓰고, 나머지 단어엔 사이시옷을 안
넣고 있어요. 내부 구성원끼리 정했으니 문제가 없어요. 문제를 제
기하는 독자도 없다고 하니 다행이에요.
사이시옷, 고집스럽게 적용할 필요가 있을까요? 나는 쓰는 이가 사
이시옷에 얽매이지 않고 넣든 빼든 통일해서 쓰면 좋겠어요. 말과 글
은 말하고 쓸 때 숨을 쉬듯 늘 편안해야 하니까요.
일상에서 자주 만나는, 사전에 오른 사이시옷 단어를 알려 드릴게요.

◇ 순우리말 합성어 ◇

가운뎃손가락 가운뎃집 고깃국 국숫집

나랏돈 나뭇가지 나뭇잎 나잇값 냇물

뒷머리 뒷일 막냇동생 맷돌 머릿기름 모깃불 못자리

바닷가 바닷물 부잣집 빗물 빗속 뼛속 샛길 소릿값

쇳가루 순댓국 아랫(윗)마을 아랫사람 아랫(윗)집

안갯속 우스갯소리 윗(아랫)니 윗(아랫)도리 잇몸 잿더미 조갯살

쳇바퀴 콧날 킷값 텃마당 텃밭 핏대 핏빛

햇볕 햇빛 햇살 허드렛일 혓바늘

◇ 순우리말 + 한자어, 한자어 + 순우리말 합성어 ◇

가운뎃점 귓병 도맷값 등굣길 뱃병 봇물 두붓물 막냇삼촌

맥줏집 사삿일 사잣밥 샛강 세뱃값 세뱃돈 소맷값 소줏집

수돗물 시곗바늘 아랫(윗)방 아랫(윗)부분 연둣빛 예삿일 우윳빛

자릿세 장밋빛 전셋값 전셋집 제삿날 존댓말 죗값 촛국

최댓값 최솟값 콧병 탯줄 텃세 툇마루 푯말 핏기

하굣길 햇수 횟가루 훗날 훗일 훗사람

◇ 두 음절로 된 한자어 ◇

곳간(庫間) 셋방(貰房) 숫자(數字) 찻간(車間) 툇간(退間) 횟수(回數)

3

{ 올바르게 쓰고 싶은 우리말 }

{ 장애인 울리는 '장애우' }

‡ —— **달곰쌉쌀한 퀴즈** —— ‡

다음 중 맞는 표현은?

(1) 깊은 속까지 샅샅이

㉠ 속속들이 ㉡ 속속이

(2) 마음이 가라앉지 않고 들떠서 두근거림

㉠ 설레임 ㉡ 설렘

✳

헌부(가명). 어릴 적 친구 이름입니다. 김인지 박인지 남궁인지 성씨는 몰라요. 나이는 물론 헌부가 실명인지도 알 수 없어요. 몸집이 크고 지능이 좀 낮은 그 아이를 동네에선 애나 어른이나 "헌부야~" 하고 불렀습니다. 형이랑 둘이 살면서 학교에 다니지 않았던 헌부는 이 집 저 집 다니며 마당도 쓸고 닭 모이도 주는 등 허드렛일을 도왔어요.

헌부와 친구가 된 건 내가 초등학교 3학년 봄 무렵이에요. 학교에서 집으로 오는 길에 남자애들한테 둘러싸여 놀림당하는 헌부의 손을 잡고 우리 집으로 데려갔어요. 그러곤 큰오빠, 작은오빠, 언니, 동생, 다섯 남매가 그곳으로 가서 놀려대던 아이들을 혼내줬어요.

그날 이후 나보다 대여섯 살은 더 먹었을 헌부는 내 친구들하고 놀았어요. 무거운 몸을 띄워 고무줄놀이를 했고, 두꺼비 같은 손으로 공기놀이도 했으며, 몸을 반 이상 내놓아 금세 걸리는 숨바꼭질도 했답니다. 제대로 숨으라는 내 호통에 눈을 끔뻑거리던, 순수했던 헌부의 모습이 선합니다.

집 근처에 학교가 새로 지어지면서 그 아이를 더 이상 보지 못했어요. 오전반과 오후반으로 나눠 썼던 비좁고 오래된 교실. 70여 명이 복작대던 '콩나물 교실'을 떠난 기쁨에 취해 있었거든요. 새 학교 새 교실에서 새 친구들과 노는 데 팔려 헌부는 까맣게 잊었어요.

40년도 훨씬 더 지나 헌부가 떠오른 건 최근 강원도 산골에서 발생한 지적장애인 성폭행 사건의 항소심 선고 기사 때문이에요. 가해자에게 중형이 선고됐지만, 지방의 작은 마을에선 여전히 장애인을 함부로 대하는 분위기가 느껴져 한숨이 나왔어요. 반편이, 귀머거리, 벙어리, 봉사, 절름발이 등 가슴에 대못을 박는 말들이 날아다니던 시절을 헌부는 어떻게 살아왔을까요.

말에는 마음이 담겨 있습니다. 그런 까닭에 무심코 쓰는 말에 누군가는 깊은 상처를 입을 수 있어요. 장애우가 그렇습니다. 장애가 있는 사람이 아닌 '친근한 벗'으로 생각하자는 뜻에서 한때 이 말은 널리 쓰였어요. 그런데 장애우는 결코 장애인을 위하는 말이 아니에요.

장애우는 말 그대로 '장애가 있는 친구'예요. 열 살 초등학생이 장애를 가진 80대 어르신에게 "친구야"라고 부를 수도 있는 셈이죠. 우리 문화에 이보다 더 버릇없는 일이 있을까요. 한마디로 예의에 크게 벗어난 말입니다.

인칭의 문제로 접근하면 장애우가 잘못된 말임을 확연히 알 수 있어요. 사회집단이나 계층을 칭하는 단어는 1·2·3인칭 모두 사용할 수 있어야 해요. 여자·남자·사회인·노동자처럼요. 그런데 장애우는 타인이 지칭할 때에만 쓸 수 있어요. 내가 나를 "친구"라고 할 순 없기 때문이죠. 1인칭으로 못 쓰는 말, 장애우는 비주체적인 사람을 의미합니다.

장애를 가진 사람은 장애인입니다. 그리고 장애인과 대립하는 말은 일반인, 정상인이 아닌 비장애인이에요. 약자를 배려하고 포용하는 사회 분위기는 바른 말로 시작됩니다.

‡ —— 달보드레한 만남 —— ‡

생로병사 관련 우리말

말머리아이 결혼한 뒤에 곧바로 배서 낳은 아이

* 옛날엔 결혼할 때 말을 타고 갔으므로 결혼 초와 관련이 있다는 데서 유래

쉰둥이 나이가 쉰이 넘은 부모에게서 태어난 아이

시난고난 병이 심하지는 않으면서 오래 앓는 모양

굿기다 (완곡하게) 윗사람이 죽다

등걸음치다 시체를 옮겨 가다.

* 시체가 누워서 가는 데서 유래

땅보탬 사람이 죽어서 땅에 묻힘을 이르는 말

[퀴즈 정답] (1) ㉠ 속속들이 (2) ㉡ 설렘

* 마음이 가라앉지 않고 들떠서 두근거린다는 뜻의 동사 '설레다'의 명사형은 '설렘'

{ 대인을 기다립니다 }

✻

"소인은 잘못이 있으면 그 원인을 남에게서 찾지만, 대인은 자기에게서 잘못을 찾고, 자기 자신을 반성한다. 소인은 다른 사람과 비교하기를 좋아하여 자기를 과시하고 남이 잘되는 것을 시기하고 질투하지만, 대인은 다른 사람과 두루 어울리되 남과 비교하지 않는다. 소인은 패거리를 짓지만 대인은 패거리를 짓지 않는다." ─ 『논어』 속 '대인과 소인 구분법'

돌쇠파·번개파·진술이파·딸기맛미역파·꼴망파·청하위생

파……. 눈치 빠른 이는 알아챘을 거예요. 맞아요. 폭력조직 이름이에요. 어둠의 세계를 주름잡는 조직 이름치곤 느낌이 참 말랑말랑하죠. 경찰에 잡히면 왠지 술술 불 것 같은 진술이파, "마님!"이 떠오르는 돌쇠파엔 피식 웃게 됩니다. 꼴망파는 꼴(소와 말 먹이)을 담는 도구 꼴망태가 연상돼 정겹네요. 제주를 들었다 놨다 했다는 딸기맛미역파는 전신이 '감귤포장파'랍니다. 단내 폴폴 풍기는 이름이네요.

이쯤 되니 궁금합니다. 주먹 세계와 어울리지 않는 폭력조직 이름은 어떻게 만들어졌을까요? 경찰에 따르면 대부분의 폭력조직 이름은 수사 과정에서 검사나 경찰이 붙입니다. '국제PJ파'(광주 음악감상실), '동성로파'·'향촌동파'(대구), '부평식구파'(인천), '신오동동파'(마산)처럼 주로 조직이 활동하는 지역, 혹은 지역 내 술집, 다방, 노래방 이름을 활용한다고 해요.

폭력조직이 스스로 '~파'라고 하지 않는 이유는 '조직'으로 불리는 걸 꺼려서입니다. 현행법상 조직명과 행동수칙 등이 있으면 '범죄단체'로 규정해 우두머리의 경우 최고 사형까지 선고할 수 있거든요. 물론 조직원도 죄질에 따라 무거운 형을 받을 수 있어요.

간혹 영화나 문학작품 속에선 조폭이 미화되기도 합니다. 하지만 폭력, 협박, 갈취 등으로 이익을 얻는 자들에게 낭만은 눈곱만큼도 없어요. 폭력배는 사라져야 할 조직이에요.

조폭만큼이나 꼴 보기 싫은 건 정상배와 모리배예요. 자신의 이익을 위해 아부와 아첨에 능수능란한, 간사한 무리죠. 예부터 권력자 주변엔 늘 간신배, 정상배가 우글거렸어요. 고려 공민왕에겐 노비 출신 승려 신돈이 있었고, 조선 연산군에게는 '희대의 간신' 내시 김자원이, 광해군에게는 상궁 김개시(개똥)가, 명성황후에겐 무당 '진령군眞靈君(박창렬 직위)'이 있었죠.

정상배, 모리배, 간신배, 폭력배, 시정잡배, 무뢰배 등 소인은 모두 우르르 몰려다녀요. 그래서 **소인배**라고 합니다. 접사 '-배輩'가 '무리를 이룬 사람들'을 뜻하거든요. 물론 선배, 후배, 동년배처럼 중립적인 의미로도 쓰이지만, 대개 부정적인 말에 붙어요. 무리를 이루고 파벌을 조성한다면 좋은 사람일 리가 없잖아요.

최근 들어 '대인배'라는 얼토당토않은 말이 언론에 자주 등장해 눈살을 찌푸리게 합니다. 소인배의 반대말은 말과 행실이 바르고 점잖으며 덕이 높은 **대인**입니다. 인격과 능력을 겸비한 '큰사람'은 몰려다닐 일이 없어요. '배'는 대인에겐 어울리는 글자가 아닙니다.

사람의 품성을 안은 우리말

큰사람 됨됨이가 뛰어나고 훌륭한 사람. 또는 큰일을 해내거나 위대한 사람

난사람 남보다 두드러지게 잘난 사람

샘바리 샘이 많아서 안달하는 사람

안다니 무엇이든지 잘 아는 체하는 사람

헛똑똑이 겉으로 아는 것이 많아 보이나, 정작 알아야 하는 것은 모르거나 어떤 것을 선택해야 하는 상황에서 판단을 제대로 하지 못하는 사람을 놀리는 말

노랑이 속이 좁고 마음 씀씀이가 아주 인색한 사람을 낮잡아 이르는 말

* 노랭이가 익숙하지만 표준어는 노랑이임

[퀴즈 정답] (1) ㉠ 켕기다 (2) ㉠ 똬리
* '또아리'의 준말 '똬리'가 널리 쓰여 준말만을 표준어로 삼는다는 규정에 따름

{ 벙어리장갑이라고 하지 말아요 }

✲

초조하고 불안할 때 뜨개질을 하면 마음이 편안해진다고 하죠. 한 코 한 코 집중하다 보면 심리적인 압박감이 사라질 것 같아요. 허버트 벤슨 하버드대 교수는 "뜨개질은 혈압을 낮추고 신체를 이완시킨다. 요가, 명상, 기 수련과 효과가 같다"고 말했어요. 마음 수양뿐일까요? 뜨개질은 몸도 따뜻하게 해줍니다. 손으로 뜬 장갑, 양말, 목도리 등은 뜨는 이의 정성이 깃들어 세상에서 가장 포근합니다.

엄마 덕에 우리 가족도 매년 겨울을 따뜻하게 나고 있어요. 아들딸은 물론 손주들에게도 장갑, 모자, 목도리, 조끼, 카디건을 짜서 입히고 씌워주시거든요. "뜨개질은 어렵지 않아. 짜다가 잘못되었다 싶으면 언제든지 풀어서 다시 시작하면 돼." 엄마는 도시에서 바삐 사는 딸들에게 뜨개질을 권유합니다. 치열한 사회생활에서 느끼는 초조함을 다스리는 데 뜨개질만 한 게 없다고 말하죠. 한 땀 한 땀 짜다 보면 엉킨 감정이 풀릴 것 같긴 해요. 뜨개질하는 모습만 봐도 마음이 편안하니까요.

그런데 뜨개질의 대명사 **벙어리장갑**은 들을 때마다 불편합니다. 예전에 비하면 많이 사라졌지만 여전히 무심코 내뱉는 이들이 있어요. 벙어리는 '벙어리가 되다'는 뜻의 옛말 '버우다'에 사람을 일컫는 '어리'가 붙은 말이에요. '버우어리'가 벙어리로 변했다는 설이죠.

홍윤표 교수는 『살아있는 우리말의 역사』에서 벙어리는 '막다, 막히다'라는 뜻의 '벙을다'에서 왔다고 설명합니다. 어간 '벙을-'에 명사형 접미사 '-이'가 붙은 '벙을이'가 변형됐다는 것이죠. 오래전 언어장애인은 혀와 성대가 붙어 있어 말을 못한다고 믿는 사람이 많았어요. 그러다 보니 엄지손가락만 따로 있고 나머지 손가락이 붙어 있는 장갑을 '벙어리장갑'이라고 불렀다는 설이 설득력 있어요.

과거에도 지금도 앞으로도 장애인을 업신여겨 '벙어리장갑'
이라는 말을 사용하진 않을 거예요. 그렇다고 해도 누군가를 서
럽게 하는 말이라면 쓰지 말아야 해요. 북한말 '짜개장갑', '통
장갑'은 의미가 분명하고 말의 느낌도 좋아요. 우리 사회에선
'손모아장갑', '엄지장갑'이 자리를 잡았죠. 둘 중 사용 빈도 등
을 살펴 국립국어원이 표준어로 정할 일만 남았네요.

겨울 관련 고운 우리말

겨울것 겨울철에 입는 옷이나 쓰는 물건 등을 통틀어 이르는 말

너널 추운 겨울에 신는 커다란 덧버선

핫바지 솜을 넣어 만든 바지

* 시골 사람 또는 무식하고 어리석은 사람을 낮잡아 이르는 말

누리 큰 물방울들이 공중에서 갑자기 찬 기운을 만나 얼어 떨어지는 얼음덩어리

너테 물이나 눈이 얼어붙은 위에 다시 물이 흘러서 여러 겹으로 얼어 붙은 얼음

고추바람 살을 에는 듯 매섭게 부는 차가운 바람

[퀴즈 정답] (1) ㉡ 담갔다 (2) ㉠ 쌀뜨물

* 김치·술·장·젓갈 등을 만드는 재료를 버무리거나 물을 부어서, 익거나 삭도록 그릇에 넣어 둔다는 뜻의 우리말은 '담그다'. 담그다는 담가, 담그니 등으로 활용됨. '담구다'라는 우리말은 없음

{ 옷깃은 꼭 껴안아야 스친다 }

✳

첫눈이 내리면 설렙니다. 아름다운 인연이 마음의 문을 열고 들어오는 느낌이에요. 어디 첫눈뿐인가요? 초겨울에 내리는 풋눈, 설날 내리는 설눈, 가늘고 성기게 날리는 포슬눈, 밤새 몰래 내린 도둑눈⋯⋯. 눈은 언제 어떻게 내리든 보고 싶은 이를 떠올리게 하는 힘이 있어요.

만나지 못해도 늘 마음 언저리를 채우는 사람이 있잖아요. 즐거운 날에도, 힘든 날에도, 기쁜 날에도, 슬픈 날에도 생각만 해도 절로 미소가 지어지는 사람 말이에요. 그런 인연은 함께했던 시간이 아름다웠기에 언제든 마음을 환하게 밝혀줍니다.

　산다는 것은 사람을 만난다는 것과 같은 뜻일지도 몰라요. 사는 내내 누군가와 만나고 헤어지는 게 인생이니까요. 그런 까닭에 몇몇 국어학자들은 '살다'와 '사람'을 같은 어원으로 봅니다. 오래된 사람이든 새로운 사람이든 인연을 곱게 이어가는 게 행복한 삶이 아닐까 싶어요.

　"옷깃만 스쳐도 인연"이라는 말이 있습니다. 짧은 만남이라도 소중히 여기라는 가르침이죠. 전통시장에 가면 '스치는' 인연을 쉽게 만날 수 있어요. 좁은 시장 길을 여럿이 오가니 팔이 부딪히고 늘어진 옷자락이 닿기도 합니다. 그런데 옷깃은 여간해선 스치기 어려워요. 옷깃은 목에 둘러댄 부분이거든요. 그러니 옷깃을 스치려면 꼭 껴안아야 해요. 누군가를 안는다는 것, 사랑하지 않으면 할 수 없는 행동이죠.

　잠시 스치는 만남이라면 옷자락과 소맷귀가 어울려요. 옷자락은 옷의 아래로 길게 드리운 부분이니 걷다 보면 누군가와 맞닿을 수 있어요. 윗옷의 양쪽에 팔을 꿰는 부분인 소맷귀도 움직임이 많은 팔부분이라 스치기 쉬워요.

　"옷깃을 여민다"라는 말도 있습니다. 여미는 것은 벌어진 옷깃을 합쳐 단정하게 하는 행동이에요. 우리는 옷차림을 고치면서 마음까지 다스리죠. 그런데 겨울이면 "갑자기 찾아온 추위에 시민들이 옷깃을 여미며 출근하고 있다"라는 뉴스가 자주 나와 거북해요. 옷깃을 여미는 건 날씨하곤 어울리지 않아요. 게다가 찬 바람을 막으려면 옷깃을 세워야겠죠.

우리는 태어나서 죽을 때까지 누군가를 만납니다. 부모, 형제, 친척, 친구, 연인, 배우자, 자녀, 동료, 선후배, 이웃……. 이 중엔 고운 인연도 있고, 치가 떨리도록 싫은 만남도 있어요. 끊고 싶은데 질기게 이어지는 인연도 있을 거예요. 그거 아세요? 인연의 표정을 만드는 건 다른 사람이 아닌 자신이라는 걸요. 아름다운 인연을 원한다면 내가 먼저 노력해야 해요. 우선, 환하게 웃는 연습부터 해야겠어요.

옷 관련 우리말

오지랖 웃옷이나 윗도리에 입는 겉옷의 앞자락

바짓부리 바짓가랑이의 끝부분

소맷귀 소맷부리의 구석 부분

옷섶 저고리나 두루마기 등의 깃 아래쪽에 달린 길쭉한 헝겊

옷거리 옷을 입은 모양새

스란치마 폭이 넓고 입었을 때 발이 보이지 않을 정도로 긴 치마

[퀴즈 정답] (1) ㉠ 알아맞히다 (2) ㉡ 수놈
* 수컷을 이르는 접두사는 '수-'로 통일해서 씀

{ 아메리카노가 나오십니다 }

‡ ─── **달곰쌉쌀한 퀴즈** ─── ‡

다음 중 맞는 표현은?

(1) 심한 모욕. 또는 참기 힘든 일

㉠ 곤혹 ㉡ 곤욕

(2) 옆으로 쫙 퍼지게 끼얹는 물

㉠ 나비물 ㉡ 부채물

✤

덕수궁 돌담길은 퍽 낭만적입니다. 돌담길을 따라 서울시립미술관과 정동극장 등 문화시설과, 정동제일교회, 나도향·주시경 선생이 공부했던 배재학당(현 배재학당역사박물관), 이화학당(현 이화여고) 등이 진한 역사의 향기를 뿜어내며 운치를 더합니다. 덕수궁 돌담길은 천천히 아주 느리게 걸어야 해요.

덕수궁 돌담길을 연인이 걸으면 헤어진다는 속설은 언제, 왜 생긴 것일까요? 서울가정법원(현 서울시립미술관)에서 이혼한 부부들이 이 길을 오갔기 때문이라는 설이 가장 설득력이 있어요. 사랑 한 번 해 보지 못한 채 임금만을 모시다 죽은 한 많은 궁중 여인들이 덕수궁 돌담길에서 사랑을 속삭이는 연인들을 질투해 헤어지게 한다는 오싹한 속설도 있어요. 이화학당과 배재학당으로 갈라지는 갈림길인 정동제일교회 앞 사거리에서 손을 잡고 가던 남녀 학생들이 각자의 학교로 가기 위해 손을 놓아야만 하는 상황에서 유래되었다는 설도 그럴듯합니다. 사실이든 아니든 덕수궁 돌담길은 사랑에 빠진 연인이 걷기 좋은, 운치 있는 길이에요.

오래된 벗과 덕수궁 돌담길을 걸었어요. 스무 살로 돌아간 것 같다며 연신 사진을 찍어 달라는 친구가 귀엽습니다. 추억 속 이야기를 하다 보니 하루 목표인 만 보도 금세 채웠어요. 잠시 쉴 겸 커피가게에 들어갔는데, 참 별난 말을 들었어요.

"주문하신 뜨거운 아메리카노 두 잔 나오셨습니다."

순간 친구와 마주 보고 입모양으로만 말했어요. '커피가 나오셨다고!' 금테라도 두른 커피일까요? 직원은 한마디 더 보탭니다.

"커피가 많이 뜨거우시니까 조심하세요."

언제부턴가 사물 높임말이 우리 일상에 퍼졌습니다. "그 사이즈는 없으십니다", "빨대와 시럽은 뒤편에 있으십니다", "화장실은 2층에 있으십니다". 이런 잘못된 언어습관은 '과잉 친절'을 강요하는 사회 분위기가 낳았다고 볼 수 있습니다.

높임의 선어말어미 '-시-'는 사람한테만 써야 해요. 다만 상대방의 신체나 성품, 심리, 행위, 소유물 등 주어가 사물이지만 높일 수 있는 간접존대가 있긴 합니다. "눈이 크시네요", "선택이 탁월하십니다", "걱정이 크십니다"처럼요.

언어 예절 중 **압존법**壓尊法도 있습니다. 존대하려는[尊] 마음을 눌러서[壓] 하지 않는 화법이에요. 어른을 공대할 때 더 높은 어른 앞에서는 공대하지 않는 원칙이에요. 듣는 이를 존중하는 화법인 거죠. 예를 들어 손자가 할아버지에게 말한다면, 아버지를 높이지 않아야 해요. "할아버지, 아버지께서 오셨습니다"가 아닌 "할아버지, 아버지가 왔습니다"라고 말해야 언어 예절에 맞아요. 존대법 가운데 어려운 압존법. 직장 등 현실 언어에선 서서히 사라지고 있지만 우리 고유의 언어 예절이니 지키는 것이 좋겠어요.

"옛날에는 덕수궁 담 뒤에 있는 영성문 고개를 사랑의 언덕길이라고 일러왔다. (중략) 남의 이목을 꺼리는 젊은 남녀들은 흔히 사랑을 속삭이고자 영성문 언덕길을 찾아왔던 것이다." 정비

석의 소설 『자유부인』(1954년)에도 덕수궁 돌담길이 등장합니다. '사랑의 길'의 역사가 아주 기네요. 지금, 곁에 있는 사람을 존중하며 말하고 있죠? 그렇다면 안심하세요. 덕수궁 돌담길을 걸어도 오래오래 함께할 수 있을 테니까요.

먹을 때 쓰는 시늉말

후루룩 액체나 국수 등을 빨리 들이마시는 소리. 그 모양

쩝쩝 음식의 맛을 보거나 감칠맛이 있을 때 크게 입맛을 다시는 소리.
또는 음식을 아무렇게나 마구 먹을 때 나는 소리

냠냠 어린아이가 음식을 맛있게 먹는 소리. 그 모양

아삭아삭 연하고 싱싱한 과일이나 채소를 보드랍게 베어 물 때 나는
소리

보글보글 액체가 잇따라 끓는 소리. 그 모양

칙칙 김 등이 좁은 구멍이나 틈으로 잇따라 새어 나오는 소리

도란도란 여럿이 나직한 목소리로 정답게 이야기하는 소리. 그 모양

[퀴즈 정답] (1) ㉡ 곤욕 (2) ㉠ 나비물
* '곤혹'은 곤란할 일을 당하여 어찌할 바를 모른다는 뜻. '곤욕'은 주로 '치르다',
'겪다', '당하다'와, '곤혹'은 '느끼다'와 함께 쓰임
* '부채물'은 없는 말

{ 교수님은 이상해 }

‡ —— **달곰쌉쌀한 퀴즈** —— ‡

다음 중 맞는 표현은?

(1) 마음에 두고 걱정하거나 잊지 않음

㉠ 괘념 ㉡ 궤념

(2) 갈피를 잡을 수 없도록 마구 지껄이는 모양

㉠ 콩팔구팔 ㉡ 콩팔칠팔

✻

몇 년 전 영어회화 공부를 할 때의 이야기입니다. 50대 선생님이 가르쳤는데, 열정이 넘쳐났어요. 20대부터 70대까지 다양한 연령의 학생들은 선생님이 제시한 주제어로 2시간 동안 영어로만 대화했죠. 수업 중 꼭 지켜야 할 게 두 가지 있었어요. 영어 이름 부르기, 높임말 쓰지 않기.

선생님은 맴ma'am이나 프로페서professor가 아닌 영어 이름 '포샤Portia'로 불렸어요. 포샤는 항상 말했어요. "외국에선 대통령도, 사장도, 동네 아저씨·아줌마도 모두 이름만 부릅니다. 더

185

이상의 호칭은 필요 없습니다. 거리낌 없고 솔직하게 대화할 수 있는 방법입니다.”

대학 시절엔 “여러분, 나를 ‘교수님’이라고 부르지 마세요”라고 말씀하신 은사가 있어요. “교수는 내 직업이고, 더군다나 ‘교수님’은 사전에도 없는 말”이라며 “학문을 가르치는 사람은 ‘선생’이라 불러야 옳다”고 가르쳐 주셨어요. 교수님은 바르지 않은 언어 표현이고, 선생이 교수보다 격이 높은 말이란 의미예요.

그런데 ‘선생’이라는 호칭을 불쾌해하는 교수들이 있다고 해요. “여기가 고등학교냐? 대학에선 교수라고 불러야지”라고 대놓고 말한다는 교수 이야기도 들었어요. 그래서인가. 대학 캠퍼스에선 ‘선생님’이라는 호칭은 거의 사라졌어요. 심지어 대학병원에선 환자는 물론 간호사들도 의사를 ‘선생님’이 아닌 ‘교수님’이라고 부른답니다.

호칭 관련해 많이 받는 질문이 있어요. “기자들은 상사를 부를 때 ‘님’을 쓰지 않나요?” 맞아요. 언론사 직원은 차장, 부장, 국장은 물론 주필, 전무, 사장, 회장도 ‘님’을 빼고 불러요. 자체가 호칭이자 존칭이기에 ‘님’을 굳이 붙일 필요가 없기 때문이에요.

같은 분야에서 지위나 나이·학예學藝 등이 자기보다 많거나 앞선 사람도 ‘선배님’이 아니고 선배가 바른 호칭입니다. 존칭이

포함된 말에 '님'을 붙여 부르는 것은 '간결성'이라는 언어의 가치에 어긋납니다.

내친김에 제대로 자기소개하는 방법도 알아봐야겠어요. 신문사 편집국에는 공공기관, 금융기관, 기업체 관계자가 자주 드나들어요. 그러다 보니 어색한 장면을 보기도 합니다.

"△△사에서 온 ○○○ 실장입니다."
"반갑습니다. △△부 ○○○ 부장입니다."

혹시 어느 부분이 어색한지 알겠나요? 늘상 들어오던 인사법이라 자연스럽게 받아들일 수도 있을 거예요. 이 두 사람은 스스로에게 '존경'의 표현을 쓰는 실수를 했어요. 직위(지위)는 내가 아닌 누군가를 높여 부를 때 쓰는 거예요. "이분은 ○○○ 부장입니다"처럼요. ○○○ 실장은 물론 ○○○ 교수, ○○○ 대표도 다른 사람이 말할 때만 존경의 표현이에요. 그러니 자신이 '○○○ 부장'이라고 스스로 이름과 직급을 말하는 것은 어색하다 못해 부끄러운 모습이에요. 자기를 소개할 때는 이름 뒤에 직위를 붙이면 안 됩니다.

물론 꼭 직위를 밝혀야 할 자리도 있을 거예요. 그럴 땐 "△△부장 ○○○입니다"라고 소개하면 돼요. 굳이 이름을 밝히지 않아도 된다면 "△△사 사장입니다"라고만 말하면 되고요. 나 같은 경우엔 "한국일보 뉴스룸국 교열팀장입니다" 혹은 "한국일보 교열팀장 노경아입니다"라고 소개해요. 교수로 활동한다면 "△△대학 교수 ○○○입니다", "△△대학에서 ☆☆을(를) 가르치는 ○○○입니다"라는 소개가 좋아요. 자신이 하는 일을 짧게 설명하면 상대방에게 친절한 인상을 남길 수도 있으니까요.

"내가 그의 이름을 불러주었을 때/ 그는 나에게로 와서/ 꽃이 되었다." 김춘수의 시 「꽃」처럼 우리는 누구나 '나의 이 빛깔과 향기에 알맞은' 이름을 갖고 있어요. 그런데 왜 나이가 들수록 호칭 문제로 고민을 하고, 누군가와 얼굴을 붉히기까지 할까요. 직급에, 자리에 너무 연연하지 말고 이름에 가치를 두는 게 어떨까요? 직위는 한순간이지만 이름은 영원하니까요.

직업 관련 우리말(1)

비바리 바다에서 해산물을 채취하는 일을 하는 처녀

불목하니 절에서 밥을 짓고 물을 긷는 일을 맡아서 하는 사람

모가비 사당패 또는 산타령패 따위의 우두머리

미사리 산속에서 풀뿌리나 나뭇잎·열매 등을 먹고 사는 자연의 사람

쇠살쭈 장에서 소를 팔고 사는 것을 흥정 붙이는 사람

수할치 매를 부리면서 매사냥을 지휘하는 사람

[퀴즈 정답] (1) ㉠ 괘념 (2) ㉡ 콩팔칠팔

{ 아부가 낳은 말, 당선인 }

✻

선거가 끝나면 단어 때문에 머리가 아파요. 길거리에 나붙는 당선사례 현수막은 물론 신문·방송에서 내보내는 뉴스 때문이에요. 누구는 당선인이고, 누군가는 당선자입니다. "도대체 무슨 차이야, 뭐가 맞는 말이에요?" 질문이 계속됩니다. 솔직히 언론의 책임이 커요. 같은 매체인데 기사마다 표기가 다른 곳이 한둘이 아니니까요. 어제 다르고 오늘 다른 매체도 있습니다.

당선인과 당선자. 표준국어대사전은 두 단어를 같은 뜻으로 풀이합니다. "선거에서 뽑힌 사람." 그런데 헌법에 명시돼 있는 당선자와 달리 당선인은 어느 날 갑자기 등장했어요.

  당선인에 얽힌 이야기가 궁금합니다. 당선인은 2007년 12월 이명박 씨가 대통령에 당선하면서 생긴 말입니다. 그해 12월 말 당시 대통령직인수위원회가 헌법재판소에 '당선인'으로 부르게 해 달라고 요청했어요. '대통령직 인수에 관한 법률' 속 '당선인'을 근거로 내밀었죠. 갑자기 왜 그랬을까요? 당선자의 '자(者-놈)'가 당선인의 '인人'보다 격이 떨어진다고 생각한 누군가의 말 때문일 거예요. 헌법재판소는 상위법인 헌법의 '당선자'를 근간으로 받아들이지 않았어요.
  당시 당선자 대변인이 언론에 '당선인 표기'를 요청하면서 지금껏 입에 오르내리는 우스개가 있어요. 기자가 했던 딱 한마디입니다. "그럼 기자記者도 기인記人으로 바꿀까요?"
  언론은 2008년 1월 이후 당선인이란 호칭을 쓰고 있습니다. 심지어 대통령은 당선인, 국회의원은 당선자로 구분해 쓰는 매체도 있습니다. 이래저래 '당선인' 세 자를 볼 때마다 말로 아부하는 이의 모습이 떠올라 불편합니다.

  우리를 헷갈리게 하는 '자'와 '인'의 쓰임에 대해 알아봐야겠어요. 당선자, 합격자, 당첨자, 발표자 등은 선거, 시험, 행사 등에 뽑힌 인물입니다. 과학자, 교육자, 기자, 성직자는 어떤 일을 하는 사람인지를 알 수 있어요. 배신자, 범죄자, 용의자, 가해자는 누구에게나 달갑지 않은 자들이죠. 모든 이에게 존경받는 현자, 성자, 구원자도 있습니다.

'인'은 법조인, 예술인, 경제인, 의료인 등 직업을 나타낼 때 주로 쓰입니다. 또 한국인, 충청인처럼 국적과 지역을 알리기도 하고, 자유인, 문화인, 교양인 등 지향하는 가치를 드러내기도 해요. 범인, 죄인, 걸인 등 반갑지 않은 '인'도 많습니다.

이제 누구나 알 거예요. '자'에 비하의 뜻이 없다는 것을요. 그리고 '인'이 '자'보다 격이 높은 말이 아니라는 것도요. 유권자가 뽑은 사람은 당선자입니다. 호칭엔 거품이 필요 없습니다.

정치 관련 우리말

나랏돈 국고에 속하는 현금

뿌리내리다 어떤 사물이나 현상의 근원이나 바탕이 이뤄지다

되뜨다 이치에 어긋나다

뒷배 겉으로 나서지 않고 뒤에서 보살펴 주는 일. 또는 그런 사람

괘괘이떼다 단호히 거절하다

너울가지 붙임성이나 포용성 등 남과 잘 사귀는 솜씨

[퀴즈 정답] (1) ⓒ 바서지다 (2) ㄱ 꼬투리

{ 로커부터 락커까지 }

✧ ── **달곰쌉쌀한 퀴즈** ── ✧

다음 중 맞는 표현은?

(1) 모든 시간 범위에 걸쳐서

㉠ 노다지   ㉡ 언제나

(2) 키를 높이려고 발밑을 괴고 서거나 발끝만 디디고 섬

㉠ 발받침   ㉡ 발돋움

✻

"긴 하루 지나고 언덕 저편에 빨간 석양이 물들어 가면, 놀던 아이들은 아무 걱정 없이 집으로 하나둘씩 돌아가는데. 나는 왜 여기 서 있나. 저 석양은 나를 깨우고, 밤이 내 앞에 다시 다가오는데……."

가을 저녁, 생각이 익으면 절로 떠오르는 노래 〈사랑한 후에〉입니다. 전인권이 영국 가수 알 스튜어트의 〈베르사유 궁전Palace of Versailles〉을 리메이크한 곡이에요. 포효하는 듯한 그의 창법과 한 소절 한 소절 가슴에 꽂히는 노랫말에 진한 전율을 느낍니다.

전인권. 돌출 발언, 마약 등으로 사회적 지탄을 받았지만, 그의 노래를 좋아하는 이는 여전히 많을 거예요. 1980~90년대 질곡의 시대에 그의 노래는 그 시절 청춘들에게 큰 힘이 됐어요. "사노라면 언젠가는 밝은 날도 오겠지. (중략) 새파랗게 젊다는 게 한밑천인데 쩨쩨하게 굴지 말고 가슴을 쫙 펴라. 내일은 해가 뜬다. 내일은 해가 뜬다"고 희망을 노래했던 그는 진정한 로커입니다.

Rocker의 우리말 표기가 다양합니다. 록커, 로커, 락커, 라커 등 여러 형태로 쓰여 혼란스러울 거예요. 나라 밖에서 온 '들온말(외래어)'인 탓입니다. 외래어표기법에 따르면 로커로 써야 합니다. 자물쇠가 달린 서랍이나 반닫이 등을 이르는 locker도 로커예요. 국립국어원은 locker를 사물함, 개인 보관함 등으로 순화해 쓸 것을 권장하고 있어요.

그렇다면 'locker room'은 어떻게 표기해야 할까요? 당연히 '로커 룸'으로 써야겠죠. 그런데 국어원은 '라커 룸', '로커 룸' 둘 다 허용했어요. 이미 굳어진 들온말은 관용을 인정해 적어야 한다는 게 이유입니다. 언중을 위한다는 관용 때문에 언중이 혼란을 겪고 있네요.

원칙은 어떤 행동이나 이론 등에서 '일관되게' 지켜야 하는 기본적인 규칙이나 법칙입니다. 그런데 실제 말글살이에서 외래어 표기법은 상황에 따라 왔다 갔다 해 원칙이라 부르기조차 부끄럽습니다. 외래어는 의미만 통하면 된다는 생각으로 잘못된 표기를 마구 써대는 기자들도 문제예요. 마켓팅marketing, 팩키지package, 맛사지massage, 브릿지bridge, 헷지hedge, 엣지edge······. 신문 지면이나 방송 자막에서 흔히 볼 수 있는 오류예요. 마케팅, 패키지, 마사지, 브리지, 헤지, 에지가 바른 표기입니다. 들온말도 원칙에 맞게 써야 언어생활의 수준을 높일 수 있어요.

"지나간 것은 지나간 대로 그런 의미가 있죠. 우리 다 함께 노래합시다. 후회 없이 꿈을 꾸었다 말해요. 새로운 꿈을 꾸겠다 말해요." 〈걱정 말아요 그대〉, 어려움을 겪는 이들을 향한 따뜻한 위로와 격려의 노래예요. 전인권의 노래를 좋아하는 이유입니다.

노래 관련 우리말

소리쟁이 노래 부르는 일을 직업으로 하는 사람

곱꺾이 노래를 부를 때, 꺾이는 부분에 가서 소리를 낮추었다가 다시 소리를 돋우어 부드럽게 불러 넘기는 일

가락 음악적 통일을 이루는 음의 연속이나 노랫가락을 세는 단위

낮은청 가장 낮은 노래 목소리

토막돌림 여럿이 모인 자리에서 목침을 돌려, 차례가 된 사람이 옛이야기나 노래를 하며 즐김

노랫말 가곡, 가요, 오페라 등으로 불릴 것을 전제로 쓰인 글

[퀴즈 정답] (1) ⓒ 언제나 (2) ⓒ 발돋움

* 경상도 지역에서는 '항상, 늘'이라는 뜻으로 '노다지'를 쓰기도 함

* '발받침'은 주검의 발을 괴는 데 쓰던 받침

{ 막장을 쓸 자격 }

‡ —— **달곰쌉쌀한 퀴즈** —— ‡

다음 중 맞는 표현은?

(1) 교만한 마음에서 남을 낮추어 보거나 하찮게 여기다

㉠ 업신여기다 ㉡ 없신여기다

(2) '어안이 벙벙하다'의 어안은 어디?

㉠ 귀 안 ㉡ 혀 안

✳

함부로 쓰지 말아야 할 말 중에 '막장 인생'이 있습니다. 탄광 갱도 안에 들어가 본 사람은 알아요. 막장이 얼마나 진지한 삶의 터전인지. 내 친구 몇몇은 광산 도시 강원도 태백의 마지막 광부입니다. 그들은 늘 말해요. 막장에서 일하는 거, 힘들고 두렵다고.

"막장은 막다른 곳은 아니야. 내 자식들 공부시키고, 맛있는 거 맘껏 먹일 수 있으니 참 고마운 내 일터지."

학창 시절, 친구들과 막장 체험을 한 적이 있어요. 광부 아저

씨들이 하라는 대로 안전모를 쓰고, 갱차에 올라 선로를 따라 안으로 한참 들어갔어요. 그러고는 승강기를 타고 수백 미터 지하로 내려가 막장 앞에 섰어요. 친구 한 명이 훌쩍이기 시작했어요. 순간 캄캄하고 답답한 아버지의 일터에서 딸들이 엉엉 울었어요. 갱 안 가득 울리던 친구들의 울음소리가 아직도 귓가에 맴돕니다.

그날 알았어요. 아버지들의 삶의 무게를. 막장에선 쥐가 귀하다는 사실도요. 사람보다 먼저 위험을 인지하기 때문에 갱 안에선 쥐를 절대 잡지 않아요. 쥐가 있어야 광부들은 마음이 놓인대요. 그래서 광부들은 쥐와 도시락을 나눠 먹으며 동료처럼 지내요.

탄광 마을 사람들은 아무리 일에 지치고 힘들어도 '막장 인생'이라는 말을 입에 담지 않아요. 한겨울에도 땀이 줄줄 흐르는 열기가, 랜턴을 끄면 한 치 앞도 안 보이는 어둠이, 매캐한 광석의 냄새가 느껴지는 곳, 막장. '위험'이 갱내 가득 떠도는 막장. 그런 곳에서 매일매일 수십 년간 가족의 행복을 캤으니 너무나도 '자랑스러운' 인생입니다.

막장 드라마, 막장 정치, 막장 토론 같은 표현이 나돌고 있어요. 큰 잘못이에요. 막장의 뜻을 아는 게 먼저겠어요. 표준국어대사전은 막장을 "갱도의 막다른 곳"으로 설명합니다. 갱도는 탄광에서 갱 안에 뚫어 놓은 길로, 막장은 탄광의 맨 끝부분이에요. 그 낮은 곳에서 광부들은 무릎을 꿇고 탄맥을 찾아 앞으로 앞으로 나아갑니다.

이토록 치열한 일터를 본 적이 있나요? 저질 드라마, 드잡이판 정치와 토론은 막장을 쓸 자격이 없어요. 갈 데까지 간 막다른 상태로, 실패, 패망, 파탄 등을 말하고 싶다면 '끝장'이 어울립니다. 막장이 무분별하게 사용된 데에는 언론의 책임이 커요. 적확한 단어를 써야 할 의무를 저버리고 마구 갖다 쓴 탓이죠.

태백에서 광부는 더 이상 볼 수 없습니다. 광부가 사라졌으니 막장은 또 다른 형태로 희망을 캘 거예요. 작가 김훈의 말처럼요.

"여기는 내 서재라기보다는 막장이에요. 광부가 탄광 맨 끝까지 들어간 데를 막장이라고 그러잖아요. 광부는 갱도의 가장 깊은 자리인 막장에서 곡괭이를 휘둘러서 석탄을 캐지요. 광부의 장비가 곡괭이나 삽이듯 이 방에는 나의 도구들이 있어요"(네이버캐스트, 소설가 김훈의 서재).

몸 관련 고운 우리말 (2)

민낯 화장을 하지 않은 얼굴

오금 무릎의 구부러지는 오목한 안쪽 부분

삭신 몸의 근육과 뼈마디

미주알 항문을 이루는 창자의 끝부분

종주먹 쥐어지르며 을러댈 때의 주먹

아늠 볼을 이루는 살

[퀴즈 정답] (1) ㉠ 업신여기다 (2) ㉡ 혀 안

* '어안'은 어이없어 말을 못 하고 있는 혀 안이라는 뜻

{ 귀한 질병은 없다 }

‡ ── **달곰쌉쌀한 퀴즈** ── ‡

다음 중 맞는 표현은?

(1) 바로 말하지 않고 짐작해 알아듣도록 둘러대다

㉠ 애두르다 ㉡ 에두르다

(2) 주위에서 중심으로 함부로 밀어 넣다

㉠ 우겨넣다 ㉡ 욱여넣다

✽

　10분. 편집기자 출신 선배의 밥 한 끼 먹는 시간이에요. 먹는다기보다는 때운다는 표현이 어울립니다. '때운다'는 말엔 음식에 대한 욕심은 전혀 보이지 않아요. 때가 되니 그냥 입에 넣는거죠. 30여 년 신문 마감 인생이 만들어낸 일종의 직업병입니다. 취재기자도 사진기자도 별반 다르지 않아요. 맛을 즐기다 '물먹는' 일이 생길 수 있어 먹을 땐 늘 급합니다.

　교열기자 역시 직업병이 있어요. 엘리베이터, 화장실, 공원, 전철 등에 붙은 광고나 현수막 속 문구를 대충 보는 법이 없죠. 혹여 오자나 잘못된 띄어쓰기가 보이면 관계 기관에 전화를 거는 이들도 있어요. 파란색 펜을 가지고 다니며 일일이 수정하는 선배도 있고요. 소설을 읽다 오자가 나오는 순간 현실 세계로 빠져나와 책장을 덮어 버린다는 후배는 여럿입니다.

다양한 직업만큼 직업병의 증상도 천차만별이에요. "문이 열려 있는 걸 못 본다"는 교도관, "여행이 시작되면 제목부터 정한다"는 여행작가, "사람을 만나면 누구든 아래위를 훑어본다"는 형사, "잘못된 부분이 보이면 애·어른 가리지 않고 가르치려 든다"는 교사……. 한 가지 일을 오래하다 보면 의도하지 않은 행동에도 직업이 영향을 미치게 마련이죠. 표준국어대사전은 직업병을 "한 가지 직업에 오래 종사함으로써 그 직업의 특수한 조건에 의하여 생기는 병"이라고 설명합니다.

직업병과 달리 원인을 찾을 수 없는 질병이 있습니다. 몸 전체가 털로 뒤덮이는 '늑대인간 증후군', 피부에 나무껍질이나 비늘 같은 사마귀가 자라는 '나무인간 증후군', 정상인보다 수십 년 빠르게 늙는 '조로증' 등이에요. 보건복지부 희귀질환관리법은 유병有病인구가 2만 명 이하이거나 진단이 어려워 유병인구를 알 수 없는 질환을 희귀질환으로 정의하고 있어요.

그런데 법도 질환도 명칭이 거슬립니다. 언론 역시 잘못 사용하는 말이 바로 희귀질환과 '희귀병'이에요. 한자의 뜻을 풀이하면 이 말이 왜 잘못됐는지 금세 알 수 있어요. 희귀병의 희稀는 '드물다', 귀貴는 '귀하다'는 뜻입니다. 그러니 희귀병은 '보기 드물게 귀한 병'이에요. 세상에 그 어떤 병을 귀하다고 말할 수 있을까요?

원인도 모르고, 설사 안다고 해도 치료제가 없어 낫기 힘든 질병은 '드물 희稀'에 적다는 뜻의 '소少'를 붙인 희소병 혹은 희소질환이 적확한 표현입니다. 죽음보다 고통스러운 병마와 싸우는 이들에게 "희귀병에 걸렸다"고 말하는 건 또 다른 아픔을 줄수도 있습니다.

"우리는 각자의 취미나 직업이나 편견으로 물든 안경을 쓰고 인생의 길을 간다. (중략) 우리는 주관적으로 볼 뿐 객관적으로 보지 않는다. 즉 볼 수 있는 것을 보지 실제로 있는 그대로를 보지 않는다. 우리가 사실이라고 하는 그 다채로운 것을 알아보려할 때 거듭 실패하는 것은 이상한 일이 아니다."

영국 작가 앨프리드 조지 가드너의 수필 『모자철학』 마지막 문단은 우리가 얼마나 자기만의 시선으로 세상을 판단하는지 깨닫게 합니다. 우리, 말에 배려하는 마음을 담아 따뜻하게 이야기해요.

직업 관련 재미있는 우리말(2)

글품쟁이 글 쓰는 데에 드는 품이나 노력을 파는 사람

동산바치 채소, 과일, 화초 따위를 심어서 가꾸는 일을 직업으로 하는 사람

여리꾼 상점 앞에 서서 손님을 끌어들여 물건을 사게 하고 주인에게 삯을 받는 사람

갖바치 예전에, 가죽신을 만드는 일을 직업으로 하던 사람

주릅 흥정을 붙여 주고 보수를 받는 것을 직업으로 하는 사람

보자기 바닷속에 들어가서 조개, 미역 등 해산물 따는 일을 하는 사람

{ 둥자의 설날 }

✽

섣달그믐날 잠을 자면 눈썹이 하얘지는 줄 알았어요. 차례 음식 만드는 엄마 옆에서 까무룩 잠이 들었다 깨면 거울 앞으로 달려가 눈썹을 확인했어요. 설날 새벽녘, 복조리 장수의 발소리가 들릴 때까지 졸린 눈을 비벼가며 잠을 쫓았어요.

언니·오빠의 장난이었다는 걸 중학생이 된 다음에야 알았어요. 별명 값을 톡톡히 한 셈이죠. 남의 말에 쉽게 속아 넘어가는 데다 잘 넘어지고 행동까지 굼떴던 나는 어릴 적 '둥자'로 불렸어요. 한자 '둔자鈍者'를 그나마 귀엽게 발음한 것 같아요. 요즘도 엄마나 언니, 오빠가 어쩌다 "둥자야" 하고 부르면 그 시절로 돌아간 듯 휙 넘어지는 시늉을 낸답니다.

"설은 질어야 좋고 보름은 밝아야 좋다"는 속담이 있어요. 설에 눈이 많이 내리고, 대보름엔 환한 달이 떠야 풍년이 들어서 좋다는 뜻이에요. 사실 여부를 떠나 설날 아침 하얀 눈으로 빛나면 왠지 복되고 좋은 일이 생길 것만 같아요. 아버지 손잡고 친척집으로 세배하러 가던 길엔 늘 눈이 소복이 쌓여 있었거든요. 댓돌에도 장독대에도 담장에도 나뭇가지에도.

설날이 설레는 건 세배, 아니 세뱃돈 때문이었죠. 어른들께 세배를 올린 후 덕담과 함께 빳빳한 새 돈을 받으면 뿌듯했어요. 대학에 입학하던 해와 신문사에 입사하던 해, 아버지는 말 대신 글로 딸이 새로 돋고 솟아나길 바라셨어요. 아버지는 떠나셨지만 작고 오래된 상자 속엔 '젊은' 아버지의 덕담이 한가득 담겨 있습니다.

아직도 설을 '구정' 혹은 '음력설'이라고 말하는 이들이 있더군요. 일제강점기를 거치며 우리 전통 명절 '설'도 큰 시련을 겪었어요. 일제는 한민족의 혼을 뭉개려 설을 없애고, 일본의 설인 신정을 쇠라고 강요했습니다. 그러면서 우리의 설은 낡은 풍습으로 깎아내려 구정이라고 칭했어요. 설이 가까워 오면 방앗간 문을 못 열게 하고, 세배 다니는 이들에게 검은 물이 든 물총을 쏘는 등 야비한 짓도 서슴지 않았어요.

민중은 독립운동하는 심정으로 설을 지켰습니다. 1월 1일은 그저 '일본의 설'일 뿐이었죠. 1985년 구정은 '민속의 날'로 이름이 바뀌었어요. 그리고 1989년 민속의 날이 설날로 지정되면서 드디어 옛 이름을 되찾았습니다. 더 이상 신정, 구정, 음력설, 양력설로 구분해 말할 이유가 없어요. 우리의 설은 당연히 정월 초하룻날, 음력 1월 1일이니까요.

성격 관련 우리말

곰살갑다 성질이 보기보다 상냥하고 부드럽다

미욱하다 하는 짓이나 됨됨이가 매우 어리석고 미련하다

돋나다 인품이 두드러지게 뛰어나다

숫되다 순진하고 어수룩하다

뼈지다 겉으로는 무른 것 같으나 속은 옹골차고 단단하다

드레 인격적으로 점잖은 무게

[퀴즈 정답] (1) ㉠ 숙맥 (2) ㉠ 세배

* 숙맥은 콩과 보리를 구분하지 못한다는 사자성어 '숙맥불변(菽麥不辨)'의 줄임말

{ 임산부와 임신부 }

‡ —— **달곰쌉쌀한 퀴즈** —— ‡

다음 중 맞는 표현은?

(1) 옻칠처럼 검고 광택이 있음. 또는 그런 빛깔. ○○ 같은 밤

㉠ 칠흙 ㉡ 칠흑

(2) 솥 바닥에 눌어붙은 밥에 물을 부어 불려서 긁은 밥

㉠ 누른밥 ㉡ 눌은밥

✲

세계 최초로 지하철을 개통한 나라는 영국입니다. 1863년으로, 우리나라에 지하철이 개통된 1974년보다 무려 한 세기 이상 차이가 납니다. 당시 런던 공무원 찰스 피어슨이 두더지 구멍에서 힌트를 얻었다고 해요. 터무니없는 제안에 미친 사람 취급하지 않고 꾸준히 연구해 현실로 이뤄낸 이들 역시 대단합니다. 우리의 삶을 편안하게 해주는 바탕은 결국 상상의 힘이 아닐까요.

별명이 '지하철 전도사'인 후배가 있어요. 어떤 모임에서든 전

철의 장점을 알리죠. '계단을 오르내리는 등 많이 걸으니 몸이 건강해진다. 전철이 다니는 곳이라면 약속시간을 99퍼센트 지킬 수 있다. 청량리에서 충남 신창까지 100킬로미터 이상을 가도 요금이 3,000원대로 저렴하다. 큰 흔들림이 없어 편안하게 책을 읽을 수 있다…….'

그런 후배가 요즘엔 전철을 타면 화가 치민다고 합니다. '임산부 배려석'에 앉는 '임산부 아닌 이들' 때문이래요. "임신부들이 마음 편하게 앉을 수 있도록 임산부 배려석은 항상 비워두는 문화가 자리 잡혀야 한다"고 목소리를 높입니다.

그런데 '임산부 배려석'은 적절한 표현일까요? '임산부姙産婦'를 '임신부姙娠婦'와 같은 의미로 생각해 사용한 듯해요. 두 단어는 뜻이 다르므로 구별해 써야 합니다.

임산부는 아이를 밴 여자인 '임부姙婦'와 아기를 갓 낳은 여자인 '산부産婦'를 동시에 표현하는 말이에요. **임신부**는 아이를 밴 여자만을 뜻하고요. 따라서 지하철의 임산부 배려석은 임신한 여성을 표현한 (배가 나온) 그림을 보았을 때 임신부 배려석이 더 적확해요. 외국인을 위한 'seat for pregnant woman' 역시 '임신한 여성을 위한 자리'라고 알리고 있어요.

전철이나 버스에서 임신부에게 자리를 양보할 때 뭐라고 말하나요? "홀몸이 아닌 것 같은데, 여기 앉으세요"라고 말하진 않나요? 그렇다면 이젠 그러지 마세요. 잘못된 말이거든요. 홀몸은 배우자나 형제가 없는 사람, 즉 독신獨身을 뜻해요. 남편을 잃고 혼자 자식을 키우며 사는 여자인 '홀어미', 아내를 잃고 혼자 사는 남자인 '홀아비'를 생각하면 구분하기 쉬울 거예요. 홀몸의 '홀'은 '짝이 없이 혼자뿐'이라는 뜻을 더합니다.

임신한 여성에게는 "홑몸이 아닌 듯하니 이리 앉으세요"라고 말해야 합니다. 홑은 '하나인, 혼자인'의 뜻으로, 홑몸은 아이를 배지 않은 몸이거든요. "홑몸이 아니니 ○○○하세요", "홑몸이 아니니 ○○○하면 안 됩니다"처럼 주로 부정어와 함께 다니죠. '홑'은 홑이불·홑껍데기·홑바지처럼 '한 겹으로 된'의 뜻을 더하기도 해요.

임신 8개월 기준 태아와 양수 무게는 6.5~7킬로그램에 이릅니다. 몸이 무거우니 많이 힘들 거예요. 임신 초기엔 태아에게 영양분을 주고, 입덧과 갑작스러운 신체 변화로 어지럽고 졸려요. 성격도 예민해지고요. 따라서 임신부에 대한 주변의 배려가 필요해요. 가방이나 옷에 분홍색 '배지'를 단 여성이 버스, 전철에 서 있으면 웃는 표정으로 자리를 양보하세요.

고운 시늉말

나풀나풀 얇은 물체가 바람에 날려 가볍게 움직이는 모양

팔랑팔랑 가볍고도 재빠르게 잇따라 행동하는 모양

콩닥콩닥 가슴이 자꾸 세차게 뛰는 소리나 그 모양. 또는 절구나 방아를 잇따라 찧을 때 나는 소리나 그 모양

방글방글 입을 조금 벌리고 소리 없이 자꾸 귀엽고 보드랍게 웃는 모양

보송보송 솜털과 같이 아주 작고 부드러운 것이 돋아 있는 모양. 또는 잘 말라서 물기가 없고 보드라운 모양

찰랑찰랑 물 등이 잔물결을 이루며 자꾸 넘칠 듯 흔들리는 소리. 그 모양

[퀴즈 정답] (1) ⓒ 칠흑 (2) ⓒ 눌은밥
* '누런빛이 나도록 조금 타다'라는 뜻은 '누르다'가 아닌 '눋다'이므로, '눌은밥'으로 써야 함

{ 피로를 회복하면 죽을 수도 }

‡ —— **달곰쌉쌀한 퀴즈** —— ‡

다음 중 맞는 표현은?

(1) 눈에서 나오는 진득진득한 액

㉠ 눈곱 ㉡ 눈꼽

(2) 마음이 안정되지 않고 뒤숭숭하다

㉠ 싱숭하다 ㉡ 생숭하다

�֍

약을 밥 먹듯 먹는 친구가 있어요. 기침만 해도 감기약을 먹고, 속이 좀 더부룩하면 소화제를 마시고, 머리가 살짝만 띵해도 두통약을 먹죠. 며칠 전 이 친구네 회사 근처에서 같이 점심을 먹었어요. 아니나 다를까, 식당에서 나오더니 곧장 약국으로 들어가더군요. 약사에게 이것저것 물어보는 사이 진열대를 살폈는데 눈에 들어오는 약 이름이 있었어요.

갱년기 보조제 '하노백'과 해열진통제 '암씨롱'. 하노백은 "한오백년을 살자는데 웬 성화요"의 민요 〈한오백년〉에서 따왔

214

을 거예요. 암씨롱은 '알면서'라는 뜻의 전라도 사투리죠. 언어 감각이 뛰어나기로 소문난 고 강신호 회장이 이름 붙인 동아제약 제품이에요. 국어학자들은 우리말을 파괴했다고 항의할 만하지만 지나치게 어려운 전문용어 중심의 외국어 제품명보다는 솔직히 정겹고 편안합니다.

약국을 나오려는데, 약사가 뚜껑 딴 박카스 한 병씩을 건네며 진지한 표정으로 말합니다. "박카스라고 아무거나 막 마시면 안 돼요. 편의점에서 파는 건 음료인 박카스 F, 약국에서 파는 박카스 D만 피로회복제예요. 한국인의 피로회복제, 잘 아시죠?"

피로를 회복하라고요? 회복回復은 원래의 상태로 돌이키거나 원래의 상태를 되찾는 거예요. 그러니 회복될 대상은 긍정적인 말이어야 해요. 명예를 회복하고, 신뢰를 회복하고, 건강을 회복하고, 체력을 회복해야 해요. 그런데 술자리가 많아지는 연말·연초엔 여기저기서 피로를 회복하라고 난리죠. 피로는 지나치게 일을 많이 해 정신이나 몸이 지쳐서 힘든 상태를 뜻해요. 그런 피로를 되찾으면 철인이라도 큰일 나요. 좋은 마음을 담아 말하는 "피로 회복하세요"는 실제 전하려는 뜻과는 정반대인, 모순된 표현입니다.

피로는 해소해야 해요. 어려운 일이나 문제가 되는 상태를 해결해 없애 버리는 게 '해소'예요. 갈등을 해소하고, 숙취를 해소하고, 스트레스도 해소해야 해요. 제약업계뿐만 아니라 언론도 피로회복제란 표현을 버리고 피로해소제를 써야 합니다.

약은 너무 안 먹어도 문제지만 과하게 의존해도 탈이에요. 제철 과일 등 몸에 좋은 음식 잘 챙겨 먹으며 기운차게 살아요. 참, 피로는 회복하지 말고 해소하세요.

몸 관련 고운 우리말(3)

군살 영양 과잉이나 운동 부족 따위 때문에 찐 군더더기 살

참살 군살 없이 통통하게 찐 살

키대 키의 생김새나 크기

허릿매 날씬한 허리의 맵시

잇속 이의 생긴 모양. 신경과 핏줄이 분포된, 이 중심부의 연한 부분

떡니 앞니의 가운데에 있는, 위아래 두 개씩의 넓적한 이

[퀴즈 정답] (1) ㉠ 눈곱 (2) ㉠ 싱숭하다

* 눈곱은 눈에 낀 곱. '곱'은 진득진득한 액이나 그것이 말라붙은 것. 배 한가운데 있는 것은 배꼽. 배꼽엔 진득진득한 액이 없음

{ 정체불명의 단어, 역대급 }

✻

격해진 날씨가 걱정이에요. 우리 국민 10명 중 9명이 "현재, 기후위기에 직면해 있다고 생각한다"는 조사 결과도 나왔어요. 환경오염이 원인 중 하나라 어린 세대에게 미안한 마음이 커요. 나이가 어릴수록 기후에 따른 불편을 (오랫동안) 크게 겪을 테니까요. 숲을 보호하고 탄소 배출을 줄이는 등 할 수 있는 일에 온 힘을 기울여야 해요.

지구의 기온 변화를 색깔로 표시한 미국 항공우주국 그래픽을 보면 위기가 눈앞임을 알 수 있어요. 겨울이면 영하 50도 아래로 떨어지는, 세계에서 가장 추운 곳 시베리아. 눈 쌓인 평야, 오줌이 땅에 떨어지기도 전에 얼어붙는 장면, 추위를 녹이려 보드카를 마시는 사람들이 떠오르는 곳. 그런 시베리아가 지도에 벌겋다 못해 시뻘겋게 표시돼 있어요. 색깔이 붉을수록 지구 온도가 높다고 해요.

킬리만자로 정상(5,895미터)의 만년설도 사라지고 있어요. 한여름에도 눈이 쌓여 '반짝이는 산'이라고 이름 붙은 곳. 1만 1,700년이나 지속돼 온 이 설원이 사라지면, 우린 또 얼마나 뜨거운 계절과 싸워야 할까요.

언론에선 '역대급' 더위가 올 것이라며 잔뜩 겁을 줍니다. '역대급'이라는 말이 불편합니다. 역대급은 '최고', '최악'이라는 뜻으로 언론에 자주 등장해요. 역대급 무대, 역대급 실업률, 역대급 한파…….

역대급은 표준말처럼 보이지만 인터넷상에서 유행한 신조어예요. 역대는 "대대로 이어 내려온 여러 대 또는 그동안"이라는 뜻의 명사입니다. 역대 대통령, 역대 전적, 역대 헌법처럼 활용할 수 있어요. '-급'은 재벌급, 국보급, 전문가급 등과 같이 명사 뒤에 붙어 '그에 준하는'의 뜻을 더해요. 또 과장급, 국장급, 간부급처럼 '그 직급'을 뜻하기도 해요.

역대에 급을 붙이면 '대대로 이어 내려온 여러 대의 등급', '그동안에 준하는'이라는 이상야릇한 뜻이 됩니다. 조어법엔 문제가 없지만 의미상 매우 부자연스러워요. 그러니 역대 최고의 무대, 역대 최악의 실업률, 역대 최악의 한파 등으로 표현해야 해요.

폭염과 함께 집중호우도 며칠간 지속될 거예요. 일기예보, 기상특보 등을 수시로 확인하고 주변을 잘 살펴야 해요. '몇 일'과 며칠을 두고, 고개를 갸웃대는 이가 있겠군요. 우리말에 '몇 일'은 없어요. 일정한 기간이든, 그달의 몇째 되는 날이든 며칠로 써야 해요. '몇 년 몇 월 며칠'처럼요.

여름을 탈 없이 건강하게 나려면 더위도 비도 해충도 미리미리 대비하는 게 중요해요. 호미로 막을 수 있는 일은 호미로 막는 게 최선이에요.

기후 관련 우리말

돌개바람 열대 지방에서 발생하는 열대성 저기압을 통틀어 이르는 말. 지역에 따라 태풍 · 선풍 · 허리케인 · 사이클론 등으로 불림

들살이 야외에 천막을 쳐 놓고 하는 생활

물꽃 하얀 거품을 일으키는 물결

해토머리 얼었던 땅이 녹아서 풀리기 시작할 때

물쿠다 날씨가 찌는 듯이 더워지다

희붐하다 날이 새려고 빛이 희미하게 돌아 약간 밝은 듯하다

[퀴즈 정답] (1) ⓒ 심란한 (2) ⓒ 고수련
* '고수레'는 산이나 들에서 음식을 먹기 전에 조금 떼어서 던지는 일

{ 엄마·어머니 그리고 어머님 }

✳

"아픈 데 없다. 건강하니까 걱정하지 말아라", "선물 필요 없다. 너희 살림에 보태라", "바쁜데 오지 마라"……. 늙은 부모가 자식들한테 하는 거짓말이에요. 하나같이 자식을 위하는 하얀 거짓말입니다. 몇 년 전 국내 한 식품회사가 어버이날을 앞두고 실시한 설문조사 결과인데, 가슴이 뭉클합니다. "자식 둔 부모는 근심 놓을 날 없다"는 속담처럼 자식에 대한 부모의 사랑은 늙어서도 한결같습니다.

아무리 건강한 사람이라도 나이가 들면 기운이 떨어지고 여기

저기 아픈 데가 늘어납니다. 그럴수록 세상의 모든 부모는 아들 딸 보고 싶은 마음이 커질 거예요. 부모가 되고 보니 그 마음을 아주 조금은 알 것 같아요.

"왕이든 농부든 자기 가정에서 행복을 찾는 사람이 가장 행복한 사람"이라는 괴테의 말처럼 가족은 참 소중합니다. 매일매일은 어려워도 어버이날, 생일 등 특별한 날에는 온 가족이 둘러앉아 밥을 먹으면 좋겠어요.

어버이날 하면 카네이션이 떠오릅니다. 그런데 그거 아세요? 카네이션은 색깔마다 꽃말이 다르다는 걸요. 붉은색은 사랑과 존경을, 분홍색은 열렬한 사랑을, 흰색은 추모를 뜻합니다. 그러니 살아 계신 부모님에게는 붉은색을, 돌아가신 부모님에게는 흰 카네이션을 선물하세요.

어버이날과 카네이션의 인연은 미국에서 시작됐어요. 1908년 웨스트버지니아주 그래프턴의 한 교회에서 애나 자비스라는 여성이 죽은 어머니를 추모하며 흰 카네이션 500송이를 교인들에게 나눠 준 것이 그 출발이에요. 이후 1914년 윌슨 대통령이 5월 둘째 주 일요일을 '어머니의 날'로 선포했어요. 우리는 1958년에 5월 8일을 '어머니날'로 정했다가, 1973년 어머니뿐 아니라 아버지, 어른, 노인을 공경하자는 취지로 '어버이날'로 명칭을 바꿨습니다.

자식은 부모님이 건강하게 오래오래 사시길 바랍니다. 그런데 '말'의 쓰임을 몰라 살아 계신 부모를 '말'로 죽이는 이들이 있어요. 존경의 뜻을 더하는 접미사 '-님'의 잘못된 사용 탓이에요. 특히 갓 결혼해 새로운 가정을 꾸린 후 "부모님을 '아버님, 어머님'이라고 부르니 '진짜' 어른이 된 것 같다"고 말하는 이가 여럿인데, 큰일 날 일입니다.

결혼 여부, 나이와 상관없이 나를 낳아주신 부모는 **아빠·아버지, 엄마·어머니**라 불러야 합니다. 아버지, 어머니에 '-님'을 붙이는 순간, 돌아가신 분이 되거든요. 아버님, 어머님은 돌아가신 부모나 편지글에 어울리는 표현이에요. 또 아주 드물게 살아 있는 아버지를 높인답시고 "선친께서⋯⋯"라고 말하는 이가 있는데, 이 또한 엄청난 말실수예요. '선친先親'은 돌아가신 아버지를 남에게 지칭할 때 쓰는 말이거든요.

나를 낳아주신, 세상에 딱 한 분뿐인 내 부모이니 다른 수많은 남의 아버님, 어머님과 구분해 부를 만합니다. '-님'이 없으면 부모와 자식 사이에 거리감도 느껴지지 않아요.

친부모가 아닌 혼인 등으로 이뤄진 법률상의 부모는 '아버님,

어머님'이에요. 며느리는 시부모를, 사위는 장인·장모를 '아버님, 어머님'이라 불러야 해요. 친親보다 예禮를 앞세운 관계이기 때문입니다.

　부모는 자식에게 아낌없이 사랑을 베풀지만 자식은 나이가 들어서야 그 마음을 짐작합니다. 부모님께 받은 사랑의 한 자락만이라도 돌려드리고 싶습니다. 우리, 지금 당장 부모님께 고마운 마음을 표현해 볼까요? 좀 쑥스럽다고요? 용기를 내세요. "아버지, 어머니, 사랑해요. 건강하게 오래오래 사세요."

집 관련 고운 우리말

섬돌 집채의 앞뒤에 오르내릴 수 있게 놓은 돌층계

들마루 이동이 가능한 마루. 여름엔 흔히 밖에서 평상처럼 쓴다

집가축 집을 매만져서 잘 정리하고 돌보는 일

집터서리 집의 바깥 언저리

실뒤 집을 짓고 남은 좁은 뒷마당

더그매 지붕과 천장 사이의 빈 공간. "외양간 더그매 속에 숨었던 김 덩실이가 고함을 지르며 뛰어나왔다."(송기숙,『녹두 장군』)

[퀴즈 정답] (1) ㉠ 귀잠 (2) ㉡ 귓결

* '발편잠'은 근심이나 걱정이 없어져서 마음 놓고 편히 자는 잠

{ 부비동은 어느 동네죠? }

✽

요즘 세 명 이상 모이면 건강 문제가 이야깃거리로 떠오릅니다. 환절기 탓일 거예요. 코와 목이 불편해 병원에 다닌다는 이가 여럿이네요. 피부 문제로 고민하는 이도 있고, 근육통 때문에 잠을 잘 못 잔다는 이도 있어요.

콧물이 줄줄 흐르고 숨을 쉬기도 힘들어 병원에 갔다 왔다는 선배는 잔뜩 찌푸린 표정으로 불평을 쏟아냅니다. "의사들이 하는 말은 당최 알아들을 수가 없어. 부비동염이라는데, 부비동이 어딘지 설명도 하지 않아. 무슨 동네 이름 같기도 하고……"

227

웃음을 꾹 참고 있다가 선배의 이어진 한마디에 결국 터졌어요. "의사한테 논현동, 이문동은 아는데 부비동은 어딘지 모르겠다고 했더니 그제야 '부비동염副鼻洞炎은 축농증이고, 부비동은 코 근처'라고 말하더라고."

한바탕 웃고 나니 안대를 한 후배도 종합병원 안과에서 어이없는 일을 겪고 왔다며 툴툴거렸어요. 전문의가 몇 가지 검사를 한 후 "맥립종이에요. 당장 째고 고름을 짜내지 않으면 실명할 수도 있어요"라고 말해 덜덜덜 떨면서 제거 시술을 받았대요. 그러고도 불안해 '맥립종'이 도대체 어떤 종양이냐고 물었더니, 의사가 무표정한 얼굴로 말하더래요. "아, 그거요? 쉽게 말해 '다래끼'예요."

의사 말마따나 염증이 심할 경우 다래끼로도 실명할 수 있겠죠. 운이 나쁘면 뒤로 넘어져도 코가 깨지는 법이니까요. 그런데 의사가 처음부터 '다래끼'라고 말해줬더라면 후배는 편안한 마음으로 시술을 받았을 거예요. 다래끼는 어린 시절 누구나 한 번쯤 앓아 본 적이 있는 익숙한 염증이니까요.

의학용어엔 하나같이 한자나 라틴어, 일본식 영어 등 생소한 외래어가 뒤섞여 있어요. 축농증이나 다래끼처럼 익숙한 병명도 부비동염, 맥립종 등 전문용어로 말하면 일반인은 이해하기 어려워요. 갑상선과 갑상샘도 이름이 다를 뿐 같은 기관이지만, 이를 아는 이는 많지 않아요. 갑상甲狀은 갑옷 모양을 뜻하는 한자로, 갑상샘은 목 앞쪽에 있는 나비 모양의 내분비기관이에요. 선腺은 샘의 일본식 용어로 샘이 우리말이에요.

어디 이뿐인가요? 찢긴 상처는 열상·열창, 가려움증은 소양증, 땀샘은 한선, 땀띠는 한진, 눈꺼풀은 안검, 귓바퀴는 이개, 눈물샘염은 누선염, 어깨뼈는 견갑골 등 우리말로 말할 수 있는 것도 병원에만 가면 어려운 한자로 둔갑합니다.

대한의사협회가 '우리말 의학용어집'을 펴내는 등 '용어' 장벽을 낮추기 위한 노력을 기울이고 있습니다. 하지만 우리말로 설명할 경우 미묘한 차이가 생길 수 있다며 '외계 용어'만을 고집하는 의사도 여전히 많아요. 생명을 다루는 의사에게 가장 중요한 건 환자와의 소통일 터. 모든 의사가 이것만은 꼭 알았으면 좋겠어요. 몸이 아파 서러운 이들과 보호자는 '말이 통하는' 의사를 원한다는 걸요.

‡ —— 달보드레한 만남 —— ‡

어려운 의학용어, 쉬운 우리말로

소양 ▶ 가려움증

천명 ▶ 쌕쌕거림

저작 ▶ 씹기

한선 ▶ 땀샘

객담 ▶ 가래

경추 ▶ 목뼈

[퀴즈 정답] (1) ㉡ 나부룩하다 (2) ㉠ 하물하물

* '시서늘하다'는 음식 따위가 식어서 매우 차다는 뜻

* '푸숭푸숭'은 김이나 연기가 뭉쳐서 솟아오르는 모양

{ 임을 위한 행진곡 }

✲

"사랑도 명예도 이름도 남김없이. 한평생 나가자던 뜨거운 맹세.
동지는 간데없고 깃발만 나부껴. 새날이 올 때까지 흔들리지 말
자. 세월은 흘러가도 산천은 안다. 깨어나서 외치는 뜨거운 함성.
앞서서 나가니 산 자여 따르라. 앞서서 나가니 산 자여 따르라."
— 황석영 작사·김종률 작곡, 〈임을 위한 행진곡〉

군복 바지에 낡은 티셔츠를 입은 야무지고 올찬 모습의 그가
머릿속에 떠오릅니다. 호남 최초의 야학 '들불야학' 창립자 박기

순. 샛별처럼 빛났던 전남대 학생은 광주 첫 위장 취업자로, 노동자를 가르친 노동자입니다.

1978년 겨울, 사흘 밤낮을 새운 그는 늦은 밤 야산에 올라 야학을 따뜻하게 할 땔감을 주워 내려온 후 꿈속으로 아주 머나먼 길을 떠났습니다. 연탄가스 중독. 스물두 살 노동운동가의 허망한 죽음은 많은 이의 가슴에 설움으로 남았습니다.

서울에서 은행을 다니다 기순의 권유로 노동자 곁으로 돌아온 윤상원. 기순의 죽음을 마주한 날 상원은 "불꽃처럼 살다간 누이야. 왜 말없이 눈을 감았는가. 믿어지지 않는 사실을 두고 모든 사람이 서럽게 운다"고 일기를 썼습니다. 1년 6개월 후 '5·18 시민군 대변인' 상원은 전남도청 상황실에서 계엄군의 총을 맞고 쓰러집니다.

1982년 2월 20일 광주 망월동 묘역에서 결혼식이 열렸습니다. 신랑 윤상원, 신부 박기순. 슬픈 영혼결혼식입니다. 결혼식을 찾은 모든 이는 짧지만 빛났던 두 청춘을 그리며 뜨거운 눈물을 흘렸습니다. 땅도 하늘도 나무도 겨울도 울었습니다.

두 달 뒤 불꽃처럼 살다 간 두 영혼이 서린 노래가 조용하고 엄숙하게 울려 퍼집니다. 소설가 황석영이 시민사회운동가 백기완의 옥중 시 「묏비나리 – 젊은 남녘의 춤꾼에게 띄우는」의 일부를 가져와 노랫말을 썼고, 노동운동가 김종률이 작곡한 〈임을 위한 행진곡〉입니다. 뫼는 산, 비나리는 행복(축복)을 빈다는 뜻입니다.

〈임을 위한 행진곡〉의 임은 윤상원·박기순 열사입니다. 해마다 5월 18일이면 정치인들이 광주로 가서 민주묘지를 참배하는 장면이 텔레비전 화면에 나오잖아요. 그때 빠지지 않고 찾는 묘의 주인공들이랍니다. 노래 제목의 임은 사모하는 사람이에요. 5·18 민주화운동을 널리 알린 이 노래의 원래 제목은 〈님을 위한 행진곡〉입니다. 표준어 규정에 따라 님이 임으로 바뀌었습니다.

열사는 '맨몸'으로 저항하다, 죽음으로써 위대성을 보인 사람입니다. 유관순, 박종철, 이한열…… 우리 역사엔 수많은 열사가 있습니다. 안중근, 윤봉길 등은 이름 뒤에 의사가 붙습니다. 총이나 폭탄 등 '무력'으로 항거하다 의롭게 숨진 분들입니다.

지사는 나라와 민족을 위해 몸 바쳐 일할 뜻을 가진 사람입니다. 의사와 열사가 순국한 뒤 붙일 수 있는 호칭이라면 지사는 생전에도 쓸 수 있습니다. 김구, 박열 등이 살아 활동하는 동안 애국지사로 불린 이유입니다.

다큐멘터리 《학전 그리고 뒷것 김민기》는 박정희·전두환 정권의 몰락이 노래에서 시작됐음을 알려줬습니다. 〈친구〉, 〈아침

이슬〉, 〈상록수〉……. 가슴을 울리는 노래는 민중을 위로했고, 때
론 태풍을 일으키기도 했습니다. 지금, 우리는 어떤 노래를 부르
고 있나요.

감정, 느낌을 표현하는 우리말

느껍다 어떤 느낌이 마음에 북받쳐서 벅차다

점직하다 부끄럽고 미안하다

자긋자긋하다 진저리가 나도록 싫고 괴롭다

계면쩍다 쑥스럽거나 미안해 어색하다

마뜩잖다 마음에 들 만하지 않다

하뭇하다 마음에 흡족해 만족스럽다

‡ 신조어, 쓰지 못할 말은 없어요 ‡

"부장, ○○○ 기자가 칼럼에 '복붙'이라는 신조어를 썼는데, 고칠까요?"

"그걸 왜 고쳐요? 글 흐름상 딱 좋은데. '복사해서 붙여 넣기' 정도로 괄호를 넣어 설명합시다."

"신조어를 기사에 써도 돼요?"

"폭력적이거나 선정적인 말이 아니라면 써도 돼요. 다만, 누구나 알수 있도록 간단한 설명을 붙여야겠죠."

회사 후배와 이야기한 후 신조어를 언론에선 어떻게 다뤄야 할지, 잠시 고민했어요. 바른 잣대를 세우고 잘만 지킨다면 문제없다고 결론 냈습니다.

신종 코로나바이러스 감염증이 돌았을 때 '확찐자'라는 신조어가 유행했어요. 기억나시죠? 감염증에 걸린 확진자뿐만 아니라, 걸릴까 두려운 사람들이 집 안에서만 지내면서 한순간에 살이 쪘다는 자조 섞인 말이었잖아요.

그 이전으로 가 볼까요? '궁물(궁금해서 물어본)', '고답(물 없이 고구마를 먹은 듯 답답하다)', '낄끼빠빠(낄 때 끼고 빠질 때 빠지기)'처럼 줄임말도 널리 쓰였어요. 'ㅇㄱㄹㅇ(이거 레알=진짜)' 등 초성만으로 이뤄진 표현도 유행했죠.

헬조선(지옥 같은 한국), 흙수저 등에 이어 요즘엔 '삼귀다(사귀다의 전 단계)', 'KIJUL(기절)', '사바사(사람마다 다르다)' 등이 사회관계망서비스에 자주 올라옵니다. 말을 만든 방식이 제각각이라 뜻을 알아채기가 무척 어렵습니다.

40대 이상 세대라고 다를까요? 물론 요즘 신조어와 형식은 다르지만 한때 "척 보면 앱(압)니다", "있을 때 잘해. 나는 봉이야", "숭구리당당 숭당당 수구수구당당 숭당당" 등 연예인이 만들어 낸 말을 하며 웃곤 했어요. 그러니 요즘 상황이 새삼스러울 것도 없습니다.

자녀가 신조어를 써서 걱정되나요? 거칠고 저급한 표현만 아니라면 같이 웃으며 맞장구를 쳐 주세요. 신조어는 크게 걱정할 문제가 아니라고 생각해요. 남녀노소 누구나 그때그때 유행하는 말을 씁니다. 신조어가 시대를 반영하는 표현이기 때문이에요. 그런 까닭에 시대가 바뀌면 유행어와 신조어는 저절로 사라져요.

쓰지 못할 말은 없다고 봐요. 다만 누군가에게 상처를 주거나 분위기를 불편하게 하는 말은 생기지도, 유행하지도 않았으면 좋겠어요. 한바탕 웃을 수 있는 말, 힘든 이의 마음을 도닥이는 말만 유행하길 바랍니다.

4

{ 소리 내어 읽고 싶은 우리말 }

{ 봄이 톡톡 터지는 봄동 }

✽

　[봄똥]이라 말하고 봄동으로 써야 해요. 봄을 부르는 배추, 봄동 이야기입니다. 겨울과 봄이 부둥켜안은 2~3월, 꽃보다 고운 자태로 혀끝을 유혹하는 채소죠. 생김새만 고울까요? 비타민, 칼슘 등 몸에 좋은 건 다 품고 있어요. 누군가는 봄을 마중하기에 봄동만 한 것이 없다고 치켜세웁니다. 납작해서 '떡배추'라고도 불리는 봄동은 전라도 진도·해남·완도 등지에서 초록에 싸인 노란 속살을 풀어헤치며 빠르게 봄기운을 퍼트립니다.

　먹어 본 사람은 알아요. 봄동이 얼마나 고소하고 달곰하고 향

기로운지. 된장 풀어 국으로 끓여 먹고, 생으로 쌈 싸 먹고, 새콤
달콤한 양념에 무쳐 먹고, 밀가루를 얇게 묻혀 전으로도 부쳐 먹
고······. 어떻게 먹든 입안 가득 봄이 톡톡 터집니다. 겨우내 움츠
려 있던 오장육부에 활기를 불어넣기 충분한 맛이에요.

봄동은 간간해야 제맛이 나요. '**간간하다**'는 입맛이 당기게
약간 짠맛을 뜻해요. 기분 좋을 정도의 짠맛을 표현하는 우리말
은 더 있습니다. 짭짤하다, 짭짜래하다, 짭짜름하다, 짭조름하
다······. 이보다 조금 더 짠 듯하지만 입맛에 맞을 때 '간간짭짤
하다'고 표현해도 좋아요.
음식이 맛없이 짤 때 '간간하다'에서 모음만 바꾼 '**건건하다**'
라고 하세요. '찝찌레하다', '찝찌름하다', '짐짐하다' 역시 맛은
없는데 조금 짤 때 쓸 수 있어요. 맛없는 표현들은 글자도, 소리
도 맛이 없게 느껴집니다. 말맛이 독특해 사투리 같지만 모두 표
준어예요. 간이 제대로 되지 않아 싱거울 땐 '밍밍하다'고 말할
수 있어요.
'**진진하다**'는 입에 착착 달라붙을 정도로 아주 맛있을 때 어
울립니다. 맛에도 서열이 있어요. 건건하다 → 간간하다 → 진
진하다. 이 순서를 알아두면 밥상에서 맛 표현으로 인기를 얻을
수 있을 거예요.

봄의 들녘과 산 길섶은 언제나 푸져요. 햇살 한 자락과 바람 한 줄기에 쑥과 냉이, 씀바귀 등 나물이 쑥쑥 자라 밥상을 가득 채웁니다. 구전민요 〈나물타령〉이 절로 나오는 계절입니다.

"한푼 두푼 돈나물. 매끈매끈 기름나물. 어영 꾸부렁 활나물. 동동 말아 고비나물. 줄까 말까 달래나물. 칭칭 감아 감돌레. 집어 뜯어 꽃다지. 쑥쑥 뽑아 나생이. 사흘 굶어 말랭이. 안 주나보게 도라지. 시집살이 씀바귀. 입 맞추어 쪽나물. 잔칫집에 취나물."

'봄+동冬'이라고 누가 이름을 지었을까요. 분명 치우치지 않는 삶을 지향하는 사람일 거예요. 계절을 두부 자르듯 한순간에 나눌 순 없는 법이잖아요. 눈 속에 파묻힌 봄동을 뽑아 눈을 탈탈 털어 내는 누군가의 모습이 그려집니다. 봄 향기가 폴폴 나네요.

봄을 알리는 우리말

봄물 봄이 되어 얼음이나 눈이 녹아 흐르는 물. 봄의 싱싱한 기운

따지기 얼었던 흙이 풀리려고 하는 초봄 무렵

잎샘(꽃샘) 봄에 잎이 나올 무렵에 갑자기 날씨가 추워짐. 또는 그런 추위

소소리바람 이른 봄에 살 속으로 스며드는 듯한 차고 매서운 바람

잔풀나기 잔풀이 싹 트는 때라는 뜻으로, '봄철'을 이르는 말

꽃달임 진달래꽃이 필 때, 그 꽃을 따서 전을 부치거나 떡에 넣어 여럿이 모여 먹는 놀이

[퀴즈 정답] (1) ㉠ 괴나리봇짐 (2) ㉡ 가시덤불
* 봄에는 가시덤불 위에서도 잘 수 있을 만큼 유난히 졸립다는 뜻의 속담. '가시덩굴'은 가시나무의 넝쿨이고 '가시덤불'은 가시넝쿨이 우거진 수풀을 뜻함

{ 신을 품은 말 "고맙습니다" }

‡ —— **달곰쌉쌀한 퀴즈** —— ‡

다음 중 맞는 표현은?

(1) 결정할 권한이 있는 상관이 부하가 제출한 안건을 검토해 승인함

㉠ 결제 ㉡ 결재

(2) 가끔가끔 틈을 타서 살그머니

㉠ 꾀꾀로 ㉡ 짬짬이

❊

말에 신비한 힘이 있다고 믿습니다. "말이 씨가 된다"는 속담도 있잖아요. 말한 대로 성취된다는 믿음을 육당 최남선은 '언령관념言靈觀念'이라고 했습니다. 좋은 말에는 영적인 기운이 있어 그대로 되게 한다는 뜻이에요. 특히 삶의 무게에 짓눌린 이에게 건네는 따뜻하고 부드러운 말 한마디는 한 사람의 인생을 바꿀 수도 있어요.

누군가에게 좋은 말을 들으면 대부분 "고맙습니다" 혹은 "감

사합니다"라고 인사를 하잖아요. 그런데 윗사람에게 '고맙습니다'라고 인사를 하면 예의가 없고 건방지다고 생각하는 이들도 있어요. '고맙습니다'는 가깝고 허물없는 사이에 하는 인사로, '감사합니다'는 격식을 갖춘 인사로 여기기 때문인데요. 잘못된 생각입니다.

'감사합니다'와 '고맙습니다'는 둘 다 누군가 호의를 베풀었을 때 쓸 수 있는 인사말이에요. 그런데 '고맙습니다'라고 인사를 하고 나면 왠지 마음이 따뜻해지면서 상대방과 더 가까워진 듯하죠? 우리말의 편안함 때문이에요. 방송사 뉴스 진행자들이 마지막에 늘 "시청자 여러분, 고맙습니다"라고 인사하는 것도 같은 이유일 거예요.

'고맙다'의 어원은 '고마'입니다. 신神, 신령神靈을 뜻해요. 국어학자들은 "고마의 형용사 '고맙다'는 인간 이상의 존재에 대한 외경畏敬의 표현이며, 동사 '고맙다'는 공경하다, 존경하다의 뜻을 지닌 말이 되었다"고 설명합니다. 한마디로 은혜를 베푼 사람에게 "고맙습니다"라고 말하는 것은 그 대상을 신과 같이 거룩하고 존귀하게 생각한다는 뜻이에요.

'감사하다'는 한자 感謝(감사)에서 온 인사말이에요. 일제강점기 일본인의 인사말 '간샤시마스感謝します'가 슬그머니 우리

말처럼 쓰였다는 이야기도 들리지만 설득력이 떨어집니다. 중국에도 '간셰感謝'라는 인사말이 있거든요.

이래저래 골이 아프니 '감사합니다'는 버리고 '고맙습니다'만 쓰자고 말하는 이들도 있어요. 하지만 오랫동안 써온 말이라 버리는 것도 쉽지 않아요. '감사합니다'는 중국과 일본에서도 쓰는 인사말로 이해하면 될 듯싶어요.

누군가의 작은 친절과 배려에도 "고마워" 혹은 "고맙습니다"라고 마음을 표현해보세요. '신을 품은 말'이 전하는 따뜻한 기운은 분명 나에게 되돌아올 거예요.

[퀴즈 정답] (1) ⓒ 결재 (2) ㉠ 꾀꼬로

* '결제'는 대금을 주고받아 매매 당사자 사이의 거래를 끝맺는 일
* '짬짬이'는 짬이 나는 대로 그때그때

247

{ 단비와 나무 }

✻

봄의 마지막 절기인 곡우穀雨(4월 20일경)가 지나면 천지가 온통 초록빛으로 물들어요. 농촌 마을의 논엔 못물이 햇살에 반짝이고, 물을 잔뜩 머금은 나무는 윤기 흐르는 잎을 자랑합니다. 자연이 뿜어내는 색깔과 향기와 소리에 매일매일 즐겁습니다. 눈·코, 입·귀, 모든 감각을 활짝 열고 계절을 즐기기 참 좋은 때입니다.

단비. 꼭 필요할 때 넘치지도 모자라지도 않게 내리는 비예요. 여름날의 거친 폭우나 겨울의 쓸쓸한 비와 달리 봄에 내리는 단비는 순해서 더욱 고맙습니다. 비가 내리고 나면 산과 들의 연둣빛이 진한 초록으로 부쩍 성숙해집니다.

이맘때면 우리나라에서 나이가 가장 많은 강원도 정선 두위봉의 주목도 물이 올라 낯빛이 곱습니다. 1,400년 넘게 살아온 그곳 주목은 또 다른 천 년을 꿈꿀 거예요. "살아 천 년, 죽어 천 년"이라는 말이 실감 나는 자태입니다.

'물이 오른 나무' 하면 고로쇠나무를 빼놓을 수 없어요. 고로쇠는 '뼈에 이롭다'는 뜻의 한자어 '골리수骨利水'가 변한 말이에요. 고로실나무, 수색수, 색목 등으로도 불리지만 표준국어대사전엔 고로쇠나무만 올라 있어요. 고로쇠나무 껍질은 골절상과 타박상을 치료하는 약재로도 쓰인다고 해요. 그야말로 인간에게 아낌없이 주는 나무입니다.

고로쇠나무만큼 쓰임이 많은 나무가 또 있습니다. 바로 자작나무입니다. 자작나무 하면 영화 《닥터 지바고》가 떠오릅니다. 〈라라의 테마〉가 흐르는, 눈 덮인 시베리아 벌판의 은빛 자작나무 숲을 기억하는 이가 많을 거예요. 가지가 눈처럼 하얀 자작나무는 백화白樺나무로도 불립니다.

자작나무는 탈 때 '자작자작' 소리가 나요. 윤기 흐르는 껍질엔 기름이 많아 불을 붙이면 오랫동안 탑니다. 그런 까닭에 밤새 신혼 방을 밝히기도 했어요. 혼례식 올리는 것을 '화촉을 밝힌 다'라고 하는데, 이때 화촉이 바로 자작나무 껍질의 기름을 활용한 초랍니다.

종이가 귀하던 시절엔 자작나무 껍질에 그림을 그리고 글씨를 썼어요. 신라의 대표적 유물인 경주 천마총의 '천마도'가 자작나무 껍질에 그린 그림입니다. 합천 해인사 팔만대장경의 일부도 자작나무 껍질에 새겼습니다.

'나무껍질'에 고개를 갸웃대는 이가 있겠네요. 껍데기와 껍질. 비슷한 듯 다른 두 단어의 차이를 아시나요? 껍데기는 달걀, 조개 등의 겉을 싸고 있는 단단한 물질입니다. 껍질은 사과, 양파, 귤, 바나나 등의 겉을 싸고 있는 부드러운 층이에요. 겉 표면이 딱딱한 것은 껍데기, 무르거나 말랑말랑한 건 껍질이에요. 나무의 겉은 촉촉하고 보드랍죠. 그래서 껍데기가 아니라 껍질이에요.

나무는 환경을 탓하지 않고 늘 제자리를 지킵니다. 남의 자리를 넘보거나 부러워하지도 않아요. 우거진 숲에 가면 사람이 나무를 닮아요. 누구나 숲에선 너그러워지고 편안해지는 까닭입니다.

나무 관련 우리말

희나리 채 마르지 않은 장작

등걸 줄기를 잘라 낸 나무의 밑동

보드기 크게 자라지 못하고 마디가 많은 어린나무

우듬지 나무의 꼭대기 줄기

그루터기 풀이나 나무 등의 아랫동아리. 또는 그것들을 베고 남은 아랫동아리

나무초리 나뭇가지의 가느다란 부분

[퀴즈 정답] (1) ㉠ 우유갑 (2) ㉡ 요컨대

{ 굽이굽이 옛길 걷기 }

‡ ── **달곰쌉쌀한 퀴즈** ── ‡

다음 중 맞는 표현은?

(1) 병이나 고통이 심해 몸을 가누지 못하고 누워 있다

㉠ 몸저눕다 ㉡ 몸져눕다

(2) 글에서 본문에 해당하는 부분

㉠ 글마루 ㉡ 글허리

✲

일곱 선녀가 노닐다 올라갔다는 지리산 칠선계곡. 설악산 천불동계곡, 한라산 탐라계곡과 함께 '우리나라 3대 계곡'으로 꼽히는 곳이죠. 오랫동안 사람의 발길이 닿지 않은 곳이라 아주 먼 옛날 자연 그대로의 모습을 간직하고 있어요. 2020년 5월 해발 710미터 비선담부터 정상 천왕봉까지 5.4킬로미터 구간의 탐방로가 열렸지만, 예약제로 하루에 60명만 들어갈 수 있어요. 울창한 숲, 매끈한 폭포, 고목에 내려앉은 짙푸른 이끼……. 사진으로만 봐도 감탄이 절로 터져 나옵니다.

지리산에 칠선계곡이 있다면 소백산엔 거칠지만 너그럽게 품어 주는 죽령 옛길이 있어요. "아흔아홉 굽이 내리막 30리, 오르막 30리"라고 표현할 정도로 험한 길입니다. 그래도 그 옛날 한양과 경상도를 잇는 가장 빠른 길이었으니 수많은 길손이 이 고개를 넘었을 거예요. 그래서일까. 이 길을 걷다 보면 길손들의 한숨과 웃음소리가 들리는 듯해요. 바지게꾼의 노랫소리도 솔향기를 타고 들려옵니다. 바지게꾼은 다리를 자른 지게 '바지게'를 메고 다니던 장돌뱅이예요. 좁은 산길도 빠르게 가려고 지게의 다리를 잘랐다고 해요.

"한양 가는 선비들도 이 고개를 쉬어 넘고. 오고 가는 원님들도 이 고개를 자고 넘네. 꼬불꼬불 열두 고개 조물주도 야속하다. 가노 가노 언제 가노 열두 고개 언제 가노. 시그라기(억새의 경상도 사투리) 우는 고개 내 고개를 언제 가노." ― 〈바지게꾼의 노래〉

편안한 길이든 거친 산이든 걷다 보면 휘어서 구부러진 곳이 있잖아요. 바로 굽이입니다. 굽이는 동사 '굽다'에 접미사 '-이'가 붙어서 만들어진 명사예요. 동사나 형용사 뒤에 붙어 명사로 만들어주는 '-이', '-음/-ㅁ'을 명사화 접미사라고 합니다. 이렇게 만들어진 말은 어간의 원형을 밝혀 써야 해요. '굽이'는 원형대로 굽이굽이, 굽이감다, 굽이돌다, 굽이지다, 굽이치다 등 예쁜 말들도 낳았어요.

그런데 굽이를 소리 나는 대로 '구비'라고 적는 이가 많아요. '구비구비', '구비돌다', '구비지다', '구비치다', '구비감다'로도 넓혀 쓰는데, 모두 잘못이에요. '구비'라는 우리말은 없거든요.

자연이 숨 쉬는 길을 걷고 싶다고요? 천년 세월을 품은 옛길로 떠나볼까요. 꼬불꼬불 굽이굽이 곱이곱이 할머니 품 같은 길을 걷다 보면 세상 시름도 아픔도 욕심도 다 사라질지 몰라요.

길 관련 우리말

에움길 굽은 길. 또는 에워서 돌아가는 길

지름길 멀리 돌지 않고 가깝게 질러 통하는 길

고샅길 시골 마을의 좁은 골목길

뒤안길 늘어선 집들의 뒤쪽으로 나 있는 길. 다른 것에 가려서 관심을 끌지 못하는 쓸쓸한 생활이나 처지. "인생의 뒤안길", "역사의 뒤안길"

가시밭길 가시덤불이 우거진 길. 괴로움과 어려움이 심한 경로를 비유적으로 이르는 말

돌림길 곧장 가지 않고 멀리 피해 가는 길

[퀴즈 정답] (1) ⓒ 몸져눕다 (2) ㉠ 글마루

{ 는개와 먼지잼 "우리도 비예요" }

‡ ── **달곰쌉쌀한 퀴즈** ── ‡

다음 중 맞는 표현은?

(1) 안개를 뜻하는 옛말

㉠ 는개 ㉡ 가랑

(2) "칠월 ○○은(는) 꾸어서도 한다."

"가뭄 끝은 있어도 ○○ 끝은 없다."

㉠ 장마 ㉡ 더위

❋

"오뉴월 장마에 돌도 큰다"는 속담이 있습니다. 오뉴월 장마는 식물을 잘 자라게 해 농사에 도움을 준다는 뜻이에요. 음력 오뉴월은 양력으로 치면 6~7월입니다. 비를 맞고 돌이 자란다니, 참으로 멋진 표현이에요.

"가뭄 끝은 있어도 장마 끝은 없다", "칠 년 가뭄에는 살아도 석 달 장마에는 못 산다"처럼 가뭄보다 장마 피해가 더 크다는 의미의 속담도 있어요. 옛사람들도 농작물 피해뿐만 아니라 집이 무너지고 사람까지 죽어 나가는, 무시무시한 장마를 두려워

했나 봐요.

장마를 한자로 여기는 이들이 있는데, 우리말입니다. 길다는 뜻의 옛말 '댱'과 물을 뜻하는 '마'로 이뤄졌어요. 영조 51년(1775년) 김홍철이 편찬한 『역어유해보』에 '댱마비'라는 말이 나옵니다. 오래 내리는 비, 장마는 그 뜻을 담아 '오란비'라고도 불렸어요. 예쁜 이름이죠.

시인들에게도 장마는 반갑지 않은 손님이었나 봅니다. 편운 조병화는 「장마의 계절」에서 "지금 나는 비에 갇혀 있습니다/ 갈 곳도 없거니와/ 갈 수도 없습니다/ (중략) 하늘은 첩첩이 검은 구름/ 지금 세상 만물이 비에 묶여 있습니다" 하고 탄식했습니다. 심온 천상병도 「장마」에서 "7월 장마 비 오는 세상/ 다 함께 기죽은 표정들/ 아예 새도 날지 않는다"고 읊었어요.

장마 이야기에 마음이 어둡고 무거워졌다고요. 이젠 고운 비를 불러 볼게요. 빗방울이 가장 작은 것은 안개비입니다. 그보다 약간 굵은 는개는 특별합니다. 안개비, 이슬비, 보슬비, 가랑비, 실비 등과 달리 '비' 자 돌림을 하고 있지 않기 때문이에요. 그래서일까. 는개는 일상생활에선 듣기도 말하기도 쉽지 않아요. 빗줄기가 하도 가늘어서 안개처럼 부옇게 내리는 비를 가리키는데, '늘어진 안개'가 줄어든 우리말입니다.

'비' 돌림에서 벗어난 재미있는 비가 또 하나 있습니다. 메마른 땅에 겨우 먼지만 재울 정도로 조금 내리는 먼지잼이에요. 는개와 먼지잼, 옛사람들의 말 만드는 솜씨에 그저 감탄할 뿐입니다.

이슬비는 는개보다 굵지만 가랑비보다는 가늘어요. 이슬처럼 송골송골 내리면 이슬비, 이슬비보다 조금 더 굵게 내리면 가랑비입니다. "가랑비에 옷 젖는 줄 모른다"는 옛말처럼 가랑비 또한 가늘고 여린 비예요. '가랑'의 뜻을 놓고 몇몇 의견이 있는데, 안개를 뜻하는 옛말로 보는 게 가장 그럴듯해요.

보슬비는 바람 없이 조용하게 속삭이듯 내립니다. 실처럼 가늘고 긴 금을 긋는 듯 내리면 실비입니다. 참, 햇볕 좋은 한낮에 느닷없이 왔다 가는 여우비도 있네요. 호랑이 장가간다고 했던 그 비 말이에요.

어린 시절엔 비 오는 날이면 천장에서 빗물이 떨어져 방이나 부엌, 마루에 양동이를 받쳐 놓았어요. 엄마 속도 모르던 철부지는 양동이에 떨어지는 물방울 소리가 기타 소리 같아 좋았어요. 모자라도 걱정, 넘쳐도 걱정인 게 비잖아요. 농사에 도움이 되는, 반갑고 고마운 비만 내리면 좋겠어요.

비와 날씨 관련 고운 우리말

비그이 비를 잠시 피하여 그치기를 기다리는 일

비설거지 비가 오려고 하거나 올 때, 비에 맞으면 안 되는 물건을 치우거나 덮는 일

작달비 빗줄기가 거세게 좍좍 내리는 비

땅거미 해가 진 뒤 어스레한 상태

느끄름하다 날씨가 흐려 침침하다

너누룩하다 요란하고 사납던 날씨가 좀 수그러져 잠잠하다

쟁명하다 날씨가 깨끗하고 맑게 개어 있다

[퀴즈 정답] (1) ㉡ 가랑 (2) ㉠ 장마

* '칠월 장마는 꾸어서도 한다'는 칠월에는 으레 장마가 있게 마련이라는 뜻의 속담

{ 당신이 좋아하는 웃음은? }

✱

매년 새해가 되면 늘 똑같은 결심을 수첩에 적습니다. '험담하지 않기, 음식 남기지 않기, 다른 사람을 위해 시간 내기, 검소하게 살기, 사람들을 판단하지 않기, 기쁘게 살기'. 어디선가 본 것 같다고요? 맞아요. 화제를 모았던 프란치스코 교황의 '새해 결심'이에요. 이웃 사랑, 타인과의 소통을 중요하게 여기는 교황의 면모가 고스란히 드러난 참 좋은 내용이라 따라 하고 있습니다.

여기에 나만의 새해 결심도 추가합니다. '말은 줄이고 많이 웃기'. 웃으면 온갖 복이 들어온다잖아요. 웃으면 건강해진다는 말도 있고요.

껄껄껄! 깔깔깔! 문득 다른 나라 사람들의 웃음소리가 궁금합니다. 중국 사람들은 하하哈哈, 허허呵呵 웃어요. 일본에선 쾌활하게 웃는 소리를 가라카라からから, 게라게라げらげら로 표현해요. 태국은 숫자 '55555'로 웃음소리를 나타냅니다. 숫자 5를 뜻하는 그 나라 발음이 '하haa'이기 때문이에요.

우리는 얼굴 표정, 소리에 따라 웃음을 표현하는 말이 다양해요. 눈웃음, 입웃음, 코웃음, 목웃음, 얼굴웃음, 입술웃음은 기본이죠. 큰 소리로 시원하게 웃는 **너털웃음**, 볼살을 움직여 얼굴 표정을 지으며 웃는 **살웃음**, 마음에도 없이 겉으로만 웃는 **겉웃음**, 여러 사람이 함께 웃는 **뭇웃음**, 염소처럼 채신없이 웃는 **염소웃음**엔 독특한 말맛이 있어요.

이뿐일까요? 웃음의 소리나 모양을 흉내 내는 시늉말을 보면 무릎을 탁 치게 됩니다. 상그레·성그레·생그레·싱그레·쌩그레·씽그레는 눈웃음 짓는 모습이에요. 입으로는 방그레·방시레·방글방글·방실방실·상긋방긋 웃죠. 해죽해죽·쨍긋쨍긋은 얼굴로 표현한 웃음이에요.

어린아이가 소리 없이 탐스럽고 귀엽게 웃는 모습인 **앙글방**

글은 글자만 봐도 사랑스러워요. 입을 작게 벌리고 소리 없이 예쁘장하게 웃는 모양인 봉싯봉싯 역시 아이의 앙증맞은 표정이 떠올라 미소 짓게 됩니다. 이 많은 웃음 가운데 내가 가장 좋아하는 건 크고 환하게 웃는 함박웃음이에요.

"사람을 제외하고 가장 아름다운 건 웃음이다. 아침마다 어떻게 하면 사람들을 웃게 할까 고민한다." 제프리 캐천버그 드림웍스애니메이션 대표가 우리나라에 왔을 때 했던 말입니다. 그의 남다른 익살은 남녀노소 누구나 키드득대며 웃게 하는《슈렉》과《쿵푸팬더》를 낳았죠. 웃음을 최고의 가치로 삼은 캐천버그의 드림웍스는 일터이자 놀이터일 거예요. 그 회사 이름을 우리말로 표현하면 '꿈 공작소'이니까요.

웃음 관련 우리말

볼웃음 입을 벌리거나 소리를 내지 아니하고 볼 위에 표정으로 드러내는 웃음

선웃음 우습지도 않은데 꾸며서 웃는 웃음

뭇웃음 여러 사람이 함께 웃는 웃음

눈웃음 시늉말 상그레, 성그레, 생그레, 싱그레, 쌩그레, 씽그레

입웃음 시늉말 방그레, 방시레, 방글방글, 방실방실, 상긋방긋

얼굴웃음 시늉말 해죽해죽, 쌩긋쌩긋

[퀴즈 정답] (1) ㉠ 창피하다 (2) ㉡ 핼쑥하다
* '핼쑥하다'의 유사어는 '해쓱하다'임

{ 머드러기 찾아 떠난 여행 }

‡ —— **달곰쌉쌀한 퀴즈** —— ‡

다음 중 맞는 표현은?

(1) 음식에서 두 그릇의 몫을 한 그릇에 담은 분량

㉠ 곱빼기   ㉡ 곱배기

(2) 때를 가리지 않고 군음식을 자꾸 먹음. 또는 그런 입버릇

㉠ 주접부리   ㉡ 주전부리

✳

언니는 날이 좋은 봄가을, 시끌벅적한 시골 장을 찾아다녀요. 딱히 필요한 게 있어서 가는 건 아니지만 그렇다고 빈손으로 돌아온 적도 없어요. 봄이면 할머니들이 들에서 캐다 파는 냉이와 쑥은 물론 깊은 산속에서 뜯은 향 짙은 나물을 사 옵니다. 그러곤 나물을 다듬고 데쳐 주먹만 하게 말아 동생들한테 한 봉지씩 줍니다.

강원도 정선 5일장에 다녀온 언니가 건넨 보따리를 풀어 보니 토실토실 영근 알밤과 방금 캔 듯 흙을 단 팔뚝만 한 더덕에 두

릎까지 들어 있네요. 그곳 할머니들과 하하호호 이야기하면서 향을 맡고, 머드러기를 고르는 언니의 모습이 그려집니다.

머드러기는 과일·채소·생선 중에서 굵은 것을 뜻해요. 상품 가치가 제일 좋은 것이죠. 과수원 하는 친구네 가면 늘 듣는 소리가 있어요. "머드러기만 따! 굵고 실한 놈만!" 머드러기는 사투리처럼 들릴지 모르지만 표준어랍니다.

사람 중에도 머드러기가 있어요. 여럿 가운데 가장 뛰어난 이를 일컬어요. 군계일학群鷄一鶴, 백미白眉 등의 한자어를 대신할 수 있는 아름다운 우리말이에요.

머드러기를 뺀 나머지는 지스러기예요. 골라내거나 잘라내고 남은 것을 말해요. 알뜰한 어머니들은 지스러기조차도 갈무리해 잘 활용합니다. 대표적인 게 '덤불김치'예요. 무의 잎과 줄기, 또는 배추의 지스러기로 담근 김치인데, 맛은 아주 좋아요.

사람 중에도 지스러기가 있을까요? 이래저래 부족해도 스스로 지스러기라고 생각하진 말아요. 분명 누군가에겐 머드러기일 테니까요. 나도 당신도, 우리 모두.

재미있는 우리말 김치

둥둥이김치 국물을 많이 해 건더기가 둥둥 뜨게 담근 김치

지레김치 김장 전에 조금 담그는 김치

섞박지 배추와 무·오이를 절여 넓적하게 썬 다음, 여러 가지 고명에 젓국을 쳐서 한데 버무려 담은 뒤 조기젓 국물을 약간 부어서 익힌 김치

홀아비김치 무나 배추 한 가지로만 담근 김치

덤불김치 무의 잎과 줄기, 또는 배추의 지스러기로 담근 김치

[퀴즈 정답] (1) ㉠ 곱빼기 (2) ㉡ 주전부리

{ 괭이잠 말고 단잠·꿀잠을 }

✽

당신의 가장 큰 욕망은 무엇인가요? 식욕, 성욕, 수면욕, 금전욕, 권력욕……. 이 중 식욕, 성욕, 수면욕은 인간이라면 누구나 갖고 있는 생물적·본능적 욕망입니다. 나는 권력욕·명예욕은 낮은 반면 수면욕이 아주 강해서 잠을 푹 잘 자야 얼굴에 웃음이 보이고 말투도 부드러워요.

피천득도 수필 「잠」에서 우리 삶을 밝게 하는 데 아주 중요한 것으로 잠을 강조했어요. "잠을 못 잔 사람에게는 풀의 향기도, 새소리도, 하늘도, 신선한 햇빛조차도 시들해지는 것이다. 잠을 희생하는 대가는 너무나 크다. 끼니를 한두 끼 굶고는 웃는 낯을 할 수 있으나, 잠을 하루 못 잤다면 찌푸릴 수밖에 없다."

잠이 부족해 툭하면 화를 내고 다른 사람들과의 관계가 몹시 나빴던 대표적 인물로 '발명왕' 토머스 에디슨을 꼽을 수 있어요. 수면 전문가들은 에디슨은 하루 3~4시간만 잤기 때문에 늘 감정 조절에 문제가 있었다고 입을 모아 말합니다.

교사인 친구도 비슷한 말을 합니다. 요즘 우리나라 대부분의 청소년이 거친 말을 쓰는 가장 큰 이유는 '부족한 잠' 때문이라고요. 아이에게 미래의 멋진 삶을 강조하면서 늦은 밤까지 공부시키는 학부모가 너무나도 많다고 해요. 아이가 책상 앞에서 부모 눈을 피해 말뚝잠(꼿꼿이 앉아서 자는 잠)이라도 자면 귀신같이 알아채곤 흔들어 깨운답니다.

세상에서 가장 무거운 게 졸린 사람의 눈꺼풀이잖아요. 오죽하면 천근만근이라고 표현할까요. 한창 잠이 많은 나이에 못 자게 억압하니 아이들이 작은 일에도 짜증을 내고 욕을 하고, 그러다 보니 툭하면 싸운다고 해요. 탈모, 우울증으로 힘들어하는 아이도 한둘이 아니랍니다. '미래'를 담보로 행복을 유예한 결과가 비참합니다. 아이들이 잘 때 자고, 놀 때 신나게 놀면서 공부할 수 있었으면 좋겠어요.

잠은 우리 삶의 기본인 만큼 표현하는 말도 참 많아요. 한 해 농사의 채비로 때맞춰 내리는 봄비가 고맙고 달아서 '단비', '꿀비'라고 부르는 것처럼, 깊이 잘 잔 잠은 '단잠', '꿀잠'이라고 해요.

꽃잠도 깊이 잘 잔 잠인데, 옛말엔 '신랑신부가 처음으로 함께 자는 잠'이라는 황홀한 뜻도 있어요. 일생에 가장 아름답고 가슴 떨리는, 그래서 영원히 기억에 남을 첫날밤을 곱게 핀 '꽃'에 비유한 것이죠.

통잠과 **온잠**도 밤새 깨지 않고 해가 뜰 때까지 곤히 자는 잠을 말해요. 누가 업어 가도 모를 정도로, 통잠·온잠보다 깊이 잘 때도 있어요. 바로 **저승잠**이에요. 박범신 소설『죽음보다 깊은 잠』이 바로 저승잠을 말한 듯싶어요.

발편잠도 있어요. 근심 걱정 없이 마음 놓고 편안하게 쉬는 잠을 뜻해요. '발+펴다+잠'의 형태로, 발을 펴고 자는 잠이에요. 속이 편해야 두 다리 쭉 뻗고 기분 좋게 잠을 잘 수가 있잖아요. 며칠 전 주말 그루잠에 빠져 오전을 꿈속에서 보낸 적이 있어요. **그루잠**은 두벌잠과 마찬가지로 한 번 들었던 잠이 깨었다 다시 든 잠인데, 꿀맛 같았어요.

즐거운 잠만큼 불편한 잠도 많아요. 깊이 못 들고 자주 깨는 잠은 팽이(고양이)잠, 노루잠, 토끼잠이라고 해요. 바스락거리는 소리에도 놀라서 깨는 동물들 모습을 상상해 보세요. 눕지도 못하고 등을 구부리고 앉아서 자는 잠은 고주박잠이에요. 땅에 박힌 채 썩은 소나무의 그루터기가 고주박이라 왠지 짠합니다.

몹시 피곤해(혹은 술에 취해) 옷을 입은 채로 아무것도 덮지 않고 아무 데나 쓰러져 잘 때도 있어요. 등걸잠이에요. 잠자리에 나란히 누웠는데, 깨고 보면 다른 방향에 가 있는 사람도 꽤 많죠. 빙빙 돌면서 자는 돌껏잠 때문이에요. 밤새 움직였으니 다음 날 얼마나 피곤할까요. 자도 자도 피곤한 이유일지도 몰라요.

볼테르는 "신은 현세에 있어서 여러 가지 근심의 보상으로 우리들에게 희망과 수면을 주었다"고 말했어요. 오늘 밤엔 편안한 마음으로 푹 주무세요. 잘 자야 건강하게 잘 살 수 있어요.

꿈 관련 고운 우리말

꿈결 꿈을 꾸는 어렴풋한 동안

꿈길 꿈에서 이루어지는 일의 과정. 또는 꿈을 꾸는 과정

꿈나무 학문, 운동 따위에 소질이나 재능이 있는 아이를 비유적으로 이르는 말

꿈땜 꿈에서 본 좋거나 궂은 조짐을 현실로 겪어서 때우는 일

봄꿈 봄날 나른해져 깜빡 잠든 사이에 꾸는 꿈

꿈통 '베개'를 이르는 은어

[퀴즈 정답] (1) ㉠ 넙죽 (2) ㉢ 기꺼이

{ 뜻도 소리도 고운 말, 결 }

‡ —— **달곰쌉쌀한 퀴즈** —— ‡

다음 중 맞는 표현은?

(1) 차이가 촘촘하게

㉠ 빽빽이 ㉡ 빽빽히

(2) 일이 잘되어 실속이 있다

㉠ 짭잘하다 ㉡ 짭짤하다

✲

집 안 구석구석 쌓인 먼지들이 눈에 들어와 대청소를 했습니다. 일 년 동안 입지 않은, 상태 좋은 옷들은 모 기관에 기증하고, 해진 옷들은 손바닥만 하게 접어 듬성듬성 바느질해 걸레로 만들었어요. 거실 바닥에 윤을 낼 때 쓰려고요.

남편에게 바닥 물걸레질을 부탁했어요. 마룻바닥에 청소용 오일을 칠하고 윤을 내는 민감한(?) 작업은 내가 했어요. 힘으로 밀기만 한다고 윤이 나는 게 아니잖아요. 마룻바닥 청소는 결을 따르는 것이 중요해요. 나뭇결 방향으로 문질러야 반짝반짝 고운 자태를 드러내니까요.

'결'을 강조하는 목각공예가가 있어요. 그는 나무의 결을 보여주며 이렇게 말합니다. "조각도를 쓸 땐 결을 따라 칼질하는 것이 기본입니다. 결을 거슬렀다가 피 본 사람 여럿입니다. 하하하." 그리고 나서 조각도를 들고 나무의 결 반대로 파 들어갑니다. 밑그림대로 새겨지지도 않거니와, 거친 거스러미가 바닥에 마구 떨어집니다. 결을 거슬러 칼질을 하면 어떤 일이 벌어지는지, 직접 보여준 거예요.

결은 뜻도 좋지만 소리도 곱습니다. 이 부드럽고 예쁜 말을 표준국어대사전은 "나무, 돌, 살갗 따위에서 조직의 굳고 무른 부분이 모여 일정하게 켜를 지으면서 짜인 바탕의 상태나 무늬"라고 재미도 멋도 없이 설명합니다. 딱딱한 설명 따위는 맘에 두지 말고 입으로 소리 내 말해 보세요. **마음결, 머릿결, 바람결, 물결, 숨결**……. "○○껴얼~" 하고 리듬과 함께 입안에 파동이 느껴지나요? 하나같이 잘고 고운 무늬가 보이는 듯합니다. 결은 오랜 세월을 거쳐 생겨난 일정한 흐름이란 생각이 들어요. 그래서일까. 결에서 순리라는 단어가 보입니다.

우리도 저마다 결이 있어요. 대청소도 끝냈겠다, 아파트 산책

길을 걷는데 옆 동에 사시는 할머니가 낮은 소리로 노래를 부르고 있네요. 한쪽에 펴 놓은 멍석 위에선 조그맣게 잘린 무가 단내를 내며 곱게 말라가고 있어요. 잘 익은 햇살 한 줌도 허투루 쓰지 않는 살뜰한 할머니의 마음결에 절로 빠져들었어요.

살다 보면 호수처럼 잔잔하던 마음결이 깨지는 날이 있잖아요. 누군가의 말이나 행동이 거슬려 마음이 힘들 때 말이에요. 그럴 때마다 '무재칠시無財七施', 재물 없이도 베풀 수 있는 일곱 가지를 실천해 보세요. 환한 미소로 정답게 대하는 '화안열색시', 부드러운 목소리로 말을 건네는 '언사시', 따뜻한 마음을 나누는 '심시', 고운 눈빛으로 바라보는 '안시', 몸으로 베푸는 '신시', 남에게 자리를 양보하는 '상좌시', 상대의 마음을 살펴 도와주는 '찰시'가 바로 '칠시'입니다. '칠시'를 마음결에 새기면 고요하게 지낼 수 있을 거예요.

뜻도 소리도 고운 우리말

윤슬 햇빛이나 달빛에 비치어 반짝이는 잔물결

몰몰 냄새나 연기 따위가 조금씩 약하게 피어오르는 모양. "초저녁 시골 마을엔 밥 짓는 냄새가 몰몰 풍겨납니다."

쪼로니 비교적 작은 것들이 가지런하게 줄지어 있는 모양. "아기 오리들이 쪼로니 엄마 오리를 따라갑니다."

잠포록이 날이 흐리고 바람기가 없이. "산 중턱에 안개구름이 잠포록이 내려앉았네요."

소록소록 아기가 곱게 자는 모양

[퀴즈 정답] (1) ㉠ 빽빽이 (2) ㉡ 짭짤하다

{ 입맛 당길 때 젓수시옵소서 }

‡ —— **달곰쌉쌀한 퀴즈** —— ‡

다음 중 맞는 표현은?

(1) 둘 또는 그 이상의 사람이 함께 음식을 먹을 수 있도록 차린 상

㉠ 맞상 ㉡ 겸상

(2) ○○ 식은 밥이 봄 양식이다

㉠ 겨울 ㉡ 가을

✻

한국인은 밥심으로 살아갑니다. 먹을거리가 풍족해도 밥이 최고죠. 소중한 만큼 밥을 표현하는 말도 참 많아요. 웃어른은 진지를 잡수고(드시고, 자시고), 우리는 밥을 먹어요. 아기는 맘마를 먹고, 아르바이트에 치인 젊은이들은 끼니를 때웁니다. 귀신도 제삿날 메를 먹고, 초상난 집에선 저승사자한테 사잣밥을 대접합니다. 오래전 임금은 수라를 젓수었어요. 수라와 연결되는 동사 '젓수다'는 요즘엔 잘 쓰이지 않죠. 궁중에서 임금에게만 쓰던 극존칭의 표현입니다. 젓수어, 젓수니 등으로 활용되는데

잡수다의 궁중말이라고 생각하세요.

　밥을 떠올리면 입맛이 당기나요? 쓰임이 많은 '당기다'는 매력적인 말입니다. 입맛이 돋워진다는 뜻 말고도 여러 의미를 안고 있어요. "아내가 누비이불을 당겨 덮으며 내 쪽으로 돌아누웠다"(김원일, 『노을』)처럼 물건을 일정한 방향으로 가까이 오게 한다는 뜻으로도 쓸 수 있어요. 정한 시간이나 기일을 앞으로 옮기거나 줄인다는 의미도 있어요. "겨울로 잡았던 결혼을 가을로 당겼다"처럼요. 사랑에 빠진 남녀는 더 일찍 함께할 수 있어 좋겠네요.
　'당기다'는 또 좋아하는 마음이 일어나 저절로 끌린다는 뜻도 있어요. "버스로 여행하는 것보다 기차로 여행하는 것이 더 마음에 당긴다"와 같이 활용합니다. 저절로 끌리는 게 어디 마음뿐인가요. 호기심, 기분, 관심, 구미도 절로 생기는 것이니 '당기다'와 연결해 쓸 수 있어요.

　질문 하나 할게요. "오늘은 짬뽕이 땡기네"와 "요즘 물을 안 마셨더니 얼굴이 땡겨"는 바른 문장일까요? 둘 다 "땡"이에요. 우리말에 '땡기다'는 없거든요. 짬뽕은 '당긴다'로, 얼굴은 '땅긴다'로 써야 해요. '땅기다'는 몹시 단단하고 팽팽하게 된다는 뜻으로 상처나 수술 부위 등 신체 부위와 어울려요.

　내친김에 '댕기다'도 알아볼게요. ˙댕기다˙는 불火과 관련이 있어요. 불이 옮아 붙는다는 뜻으로 "담배에 불을 댕기다"처럼 쓸 수 있어요. 논란의 불을 댕기기도 하고, 갈등의 불을 댕기기도 하죠.

　당기다, 댕기다, 땅기다는 말의 형태와 발음이 비슷해 헷갈리겠지만 구분하는 방법은 간단해요. 불과 관련 있을 때는 '댕기다'를, 신체 부위에는 '땅기다'를, 그 나머지는 '당기다'를 쓰면 되니까요.

　행복심리학자 서은국 교수는 "가장 쉽게 행복해지는 방법은 좋아하는 사람과 맛있는 밥을 함께 먹는 것"이라고 했어요. 김밥에 라면이면 어때요. 오늘, 행복한 밥은 누구와 함께 드실 건가요?

밥 관련 우리말

기승밥 모를 내거나 김을 맬 때 논둑에서 먹는 밥

강다짐 밥을 국이나 물 없이, 또는 반찬 없이 그냥 먹음

고두밥 아주 되게 지어져 고들고들한 밥

거섶 비빔밥에 섞는 나물

눈칫밥 남의 눈치를 보아 가며 얻어먹는 밥

아침동자 아침밥을 짓는 일. 또는 그 아침밥. "아침동자 다 되어 방으로 들이자 한판 걸게 드시고는 곧장 바람벽을 등지고 잠드는 것인데……"(김주영, 『객주』)

[퀴즈 정답] (1) ㉡ 겸상 (2) ㉡ 가을

* 먹을 것이 흔한 가을에 먹지 않은 식은 밥이 봄에는 귀중한 양식이 된다는 뜻의 속담

{ 삼홍에 빠지다 }

‡ —— **달곰쌉쌀한 퀴즈** —— ‡

다음 중 맞는 표현은?

(1) 불편한 점을 보완해 더 좋게 만든 한복

㉠ 개량 한복 ㉡ 계량 한복

(2) 일정한 시간보다 이르게

㉠ 일찌기 ㉡ 일찍이

✽

"빨간 물 짙게 든 얼굴이 아름답지 않으뇨/ 빨간 정 무르녹는 마음이 아름답지 않으뇨/ 단풍 든 시절은 새빨간 웃음을 웃고 새빨간 말을 지줄댄다/ 어데 청춘을 보낸 서러움이 있느뇨/ 어데 노사老死를 앞둘 두려움이 있느뇨." — 백석, 「단풍」

가을이면 아랫녘으로 단풍 구경 떠나는 이가 많지만 서울 북한산 단풍도 참 고와요. 시간이 날 때마다 북한산에 오른 덕에, 그곳에 당단풍나무가 많다는 걸 알아요. 날이 쌀쌀해지면 산 전체가 홍엽紅葉으로 화려해집니다. 사람도 산의 품에 안기는 순간 붉게 변하니 인홍人紅이요, 맑은 계곡에 비친 수홍水紅까지, 북한산에선 '삼홍三紅'의 아름다움을 만끽할 수 있어요.

단풍의 색을 표현해볼까요. 발갛다, 발그레하다, 빨갛다, 빨그대대하다, 빨그댕댕하다, 빨그레하다, 빨그스레하다, 빨그족족하다, 빨긋하다, 불그무레하다, 불그스레하다……. 한참 이어지네요. 은행잎 색깔은 또 어떻고요. 노랗다, 노르께하다, 노르끄레하다, 노르무레하다, 노르스름하다, 노릇하다, 누렇다, 누르칙칙하다, 샛노랗다, 싯누렇다…….

색을 표현하는 우리말은 참 많아요. 위의 표현 모두 표준어입니다. 그 넉넉함에 놀라지 않을 수 없어요. 그러고 보니 색을 대하는 우리 정서가 참으로 섬세합니다. 빨강은 '레드red', 노랑은 '옐로yellow' 등 한 단어로만 표현하는 영어권 사람들이 우리말을 어려워하는 건 당연해요.

그런데 버려야 할 색깔도 있어요. '살색'이 대표적에요. 인종에 따라 '살색'의 개념이 다르기 때문인데요, 살색이란 말 그대로 '살갗의 색깔'을 뜻해요. 우리와 같은 피부색만 살색이고, 다른 피부색인 검은색 등은 살색이 아니라는, 인종차별적인 관념이 담겨 있어요. 그러니 살색은 버리고 살구색으로 말하고 써야 해요.

살색에서 살구색으로 한 글자만 더했을 뿐인데 따뜻하고 편안한 느낌이 드네요. 말글살이에는 알게 모르게 차별적인 말이나 표현이 곳곳에 숨어 있으니 주의해야 해요. 말 한마디로 자칫 누군가에게 상처를 줄 수도 있으니까요.

'곤색'과 '소라색' 역시 피해야 할 표현이에요. '곤こん[紺]', '소라そら[空]'라는 일본말에 '색色'을 더한 국적불명의 말이기 때문입니다. 곤색 대신 감색(짙은 남색)을, 소라색 말고 하늘색(연푸른색)을 써야 해요.

색의 기본은 검정·하양·노랑·파랑·빨강이에요. 우리 전통에 검정은 물, 하양은 쇠, 노랑은 흙, 파랑은 나무, 빨강은 불을 의미해요. 당신은 무슨 색을 좋아하나요?

고운 색깔 우리말

갈맷빛 짙은 초록빛

감빛 잘 익은 감의 빛깔과 같은 붉은빛

풀빛 풀의 빛깔과 같은 진한 연둣빛

모싯빛 모시의 빛깔과 같이 엷은 노란빛

물빛 물의 빛깔과 같은 연한 파란빛

쪽빛 짙은 푸른빛

[퀴즈 정답] (1) ㉠ 개량 한복 (2) ㉡ 일찍이

{ 한겨울 단상 }

✳

한강변이 얼어붙었어요. 강 한가운데 얼음 조각들이 떠다니고 있네요. 전철 차창 너머로 얼어붙은 한강을 바라보다, 어린 시절 추억 속으로 빠져들었어요.

영하 20도를 넘나들던 강원도의 한겨울. 아침에 눈을 뜨면 가장 먼저 집 앞 개울을 살폈어요. 얼음이 잘 얼었는지 확인해 친구들에게 알려주기 위해서였죠. 개울이 꽁꽁 언 날에는 하얀 눈바람을 맞으며 썰매를 탔어요.

부잣집(왜 이렇게 불렀는지 모르겠지만) 아들 기용이가 스케이트 날 두 개를 단 썰매와, 길고 단단한 철 꼬챙이를 공중에 휙휙 돌리면서 나타나면 모두가 부러워했어요. 이 빠진 부엌칼로 만든 썰매에 비해 기용이 썰매는, 자동차로 말하면 최고급이었거든요. 팔 힘이 센 종석이가 있는 힘을 다해 달려도 기용이 썰매의 속도를 따라잡을 수가 없었어요. 샘이 나서 다투기도 했지만 겨울방학 내내 신나게 얼음판을 쌩쌩 달렸어요.

얼음판에 쓸린 바짓가랑이가 얼어서 뻣뻣하면 뜨거운 아랫목 이불 속으로 파고들었죠. 버튼 하나만 누르면 보일러가 돌아 집 안이 훈훈해지는 요즘, 가끔은 군불을 지펴 절절 끓던 온돌방이 그립습니다. 아궁이 앞에서 군불을 때며 엄마, 아버지와 두런두런 이야기하던 할머니가 보고 싶습니다.

군불은 방을 따뜻하게 하려고 때는 불이에요. '군+불'의 형태로 '군'은 필요하지 않은, 쓸데없는 등의 의미를 안은 접두사예요. 우리 조상들은 객쩍게 불을 때는 일은 없었던 듯해요. 밥을 짓고, 국을 끓이고, 쇠(소)죽을 쑤면서 방을 데웠어요. 군불은 귀한 손님이 온 날에만 지폈어요.

군살, 군침, 군기침, 군것, 군글자 등도 접사 '군'이 붙은 말이에요. '군'은 또 '가외로 더한', '덧붙은'의 뜻도 더해요. 군식구는 원래 식구 외에 덧붙어서 얻어먹고 있는 식구(잡식구), 군사람은 정원 외의 필요 없는 사람이에요.

"군말이 많으면 쓸 말이 적다"라는 속담이 있어요. 하지 않아도 될 말을 이것저것 많이 늘어놓으면 그만큼 쓸 말은 적어진다는 뜻이에요. 쓸데없는 말은 하지 말라는 가르침이 담겼네요. 말이 많으면 실수가 따르니, 말을 신중히 해야겠어요.

겨울밤, 엄마는 할머니께서 잠자리에 들면 이불 아래쪽에 요강을, 머리맡엔 자리끼를 두었어요. 자리끼는 밤에 자다가 마시려고 머리맡에 두는 물이에요. 자리끼는 가습기 역할도 했어요. 밤새 군불을 때면 방이 건조해지는데, 자리끼 덕에 침이 마르지 않았거든요. 지금에 비하면 모든 것이 불편했지만, 삶의 지혜만큼은 반짝반짝 빛났던 날들이네요.

불 관련 재미있는 우리말

겻불 겨를 태우는 불. 불기운이 약하다

군불 오로지 방을 따뜻하게 덥히려고 아궁이에 때는 불

꽃불 이글이글 타오르는 불. 혹은 축하하는 뜻으로 총이나 포로 쏘아

올리는 불꽃

쥐불 음력 1월에 쥐를 쫓기 위해 논둑이나 밭둑에 놓는 불

관솔불 송진이 많이 엉긴, 소나무의 가지에 붙인 불

검부잿불 마른 나뭇가지, 풀, 낙엽이 타고 난 뒤의 잿불

[퀴즈 정답] (1) ㉡ 흐리멍덩 (1) ㉠ 코대답

* '군대답'은 하지 않아도 될 때 필요 없이 하는 대답

‡ 우리 말글의 줄기, 사투리 ‡

"선배, 제목에 사투리를 써도 될까요?"
편집기자가 여행 면 대장(신문 인쇄 전 마지막 제작 과정)을 들고 와서
물어봅니다.

"갱번 가던 길로 '싸목~ 싸목'"

전남 여수 백리섬섬길을 안내하는 기사입니다. 갱번은 바닷가, 싸
목싸목은 천천히의 전라도 사투리입니다.
"여수 여행지를 알리는 기사인데, 이보다 더 좋은 제목이 있을까?"
사전에 있는 말로는 표현할 수 없는 정감 어린 제목이라 엄지를 치
켜세웠습니다.

"아쌀하게 붙어 부러!" 영화 '황산벌' 포스터 속 문구입니다. '거시
기'를 유행시켰던 영화, 다들 기억하시죠? 전국 곳곳에서 팔팔하게
살아 움직이는 입말이 바로 사투리입니다. 누구나 태어나면 어머
니·아버지의 입모양과 소리로 말을 배우잖아요. 가우, 가새, 고새,
가시개, 가쇠, 가셍이, 까시개, 까새, 강우, 강애…… 모두 가위를 일

킨는 사투리예요. 어떤 말이 입에 착 하고 붙나요? 몇 년째 지방을 돌아다니며 사투리 매력에 푹 빠져 사는 나는 모든 게 고향처럼 친근합니다.

가끔 표준말 얘기가 나오면 핏대를 세우는 이가 있어요. 표준어 규정에 "교양 있는 사람들이 두루 쓰는 현대 서울말"로 못 박아 놓아서입니다. 그런데 아시죠? 서울말도 사투리가 있다는 걸요.
"친구도 만나구 맛있는 밥도 먹구 참 즐거웠어요." 제가 아는 서울 토박이는 연결어미 '-고'를 항상 '-구'로 발음합니다. 함께 커피를 마실 땐 "잠이 쏟아졌는데, 이제 살 것 같애요"라고 같아요를 '같애요'로 말하기도 해요.
서울 사람이든 지방 사람이든 사투리 때문에 소통에 어려움을 겪는 이는 없을 거예요. 그보단 글을 읽고 이해하는 능력인 문해력이 문제죠. 그러니 사투리를 '○○의 잘못' 등으로 설명하는 표준국어대사전에 의존할 필요가 없어요. 자칫 귀한 우리 토박이말들을 잃을 수도 있거든요. 말이 사라지면 역사, 문화, 정서도 사라져 큰일입니다. 말과 글의 줄기인 사투리는 소중해요. 잘 가르치고 열심히 배워야 합니다.

시인 김억은 사투리의 가치를 이렇게 말했어요. "평안도 분들의 성난 것은 '쌍' 하는 한마디로 짐작을 할 수가 있고, '할락한다' 소리를 들을 때에는 경상도 친구들의 정다운 어조를 잊을 수가 없고, '드러운 것'의 목소리에는 충청도의 감성을 느끼게 되고, 전라도의 면목은, '히보라면 히보라구' 하는 데서 나타난다."

◇ 사투리 같은 표준어 ◇

거시기 이름이 얼른 생각나지 않거나 바로 말하기 곤란한 사람 또는 사물을 가리키는 대명사

시방 말하는 바로 이때(=지금)

아따 뭔가 몹시 못마땅해 빈정거릴 때 내는 감탄사

걸쩍지근하다 말 등이 거리낌이 없고 푸지다. 다소 푸짐하고 배부르다

{ 어른을 위한 말 지식 }

29년 교열전문기자의 지적인 생활을 위한 우리말 바로잡기
© 노경아, 2024

초판 1쇄 펴낸날 2024년 8월 12일
초판 2쇄 펴낸날 2024년 10월 11일

지은이 노경아
펴낸이 배경란 오세은
펴낸곳 라이프앤페이지
주소 서울시 종로구 새문안로3길 36, 1004호
전화 02-303-2097
팩스 02-303-2098
이메일 sun@lifenpage.com
인스타그램 @lifenpage
홈페이지 www.lifenpage.com
출판등록 제2019-000322호(2019년 12월 11일)
디자인 석윤이

ISBN 979-11-91462-29-6 03700